從兩個人到一個人

只因想和美好的人一直走下去

崔唯娜 著　王品涵 譯　有隻兔子 繪圖

我們每分每秒都在面對離別

生命中的每一場相遇，都何其珍貴。
然而，隨著時間流逝，我們似乎都忘記，
原來每一段關係，也包含了分離。

朝夕相處的開朗父親，
有一天突然生病，永遠離開了身邊。

常常說著友誼長存的摯友，

有天突然不再回覆訊息，從此消失在生活中。

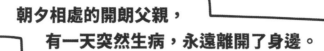

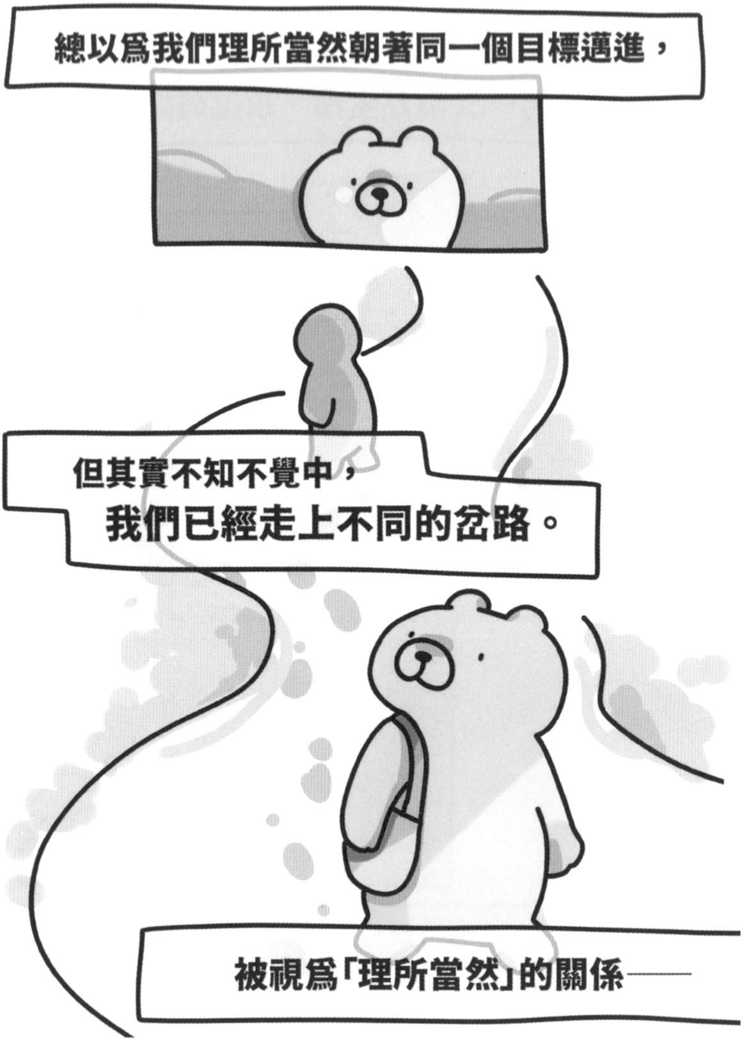
總以爲我們理所當然朝著同一個目標邁進，
但其實不知不覺中，
我們已經走上不同的岔路。
被視爲「理所當然」的關係——

←

開始一段關係需要雙向注視，
結束一段關係卻只需要一方轉身。

原來，從來沒有一段關係是亙古不變的。

以為忍一時就會風平浪靜

人們常說「退一步海闊天空」，

但你有想過，後方有可能是懸崖嗎？

這些一再忍讓的關係，已經從內部開始腐爛，

只要再受到一點衝擊，就有可能隨時潰堤。

長期單方面負擔約會的錢，

卻從來沒有在自己的生日收過小禮物。

在朋友難過時拋下一切安慰，

自己遇到困難卻沒有收過一句「沒事的」。

我們在關係裡，是不是太努力了？
總是努力成爲別人的燈塔，
但又有誰願意成爲我們的支柱呢？

當關係開始失衡，沒有雙方的積極解決，
就很容易以離別收尾。
我們要做的不是責怪別人、更不是責怪自己，
而是及時設立停損點，阻止傷害繼續侵蝕內心。

愛別人之前，我們永遠要先愛自己

比起和他人的關係，和自己的關係往往更加重要。

兩個人也好、一個人也好，

唯有懂得獨處也能怡然自得的生活方式，

才能真正愛上自己，並用正確的方法，

去愛每一個值得珍惜的人。

你有試過一個人在悠閒的氣氛中，
享受一頓健康豐盛的餐點嗎？
你有試過一個人搞定所有行程，
來一趟充滿冒險和挑戰的旅行嗎？

愛別人之前，我們永遠要先愛自己。

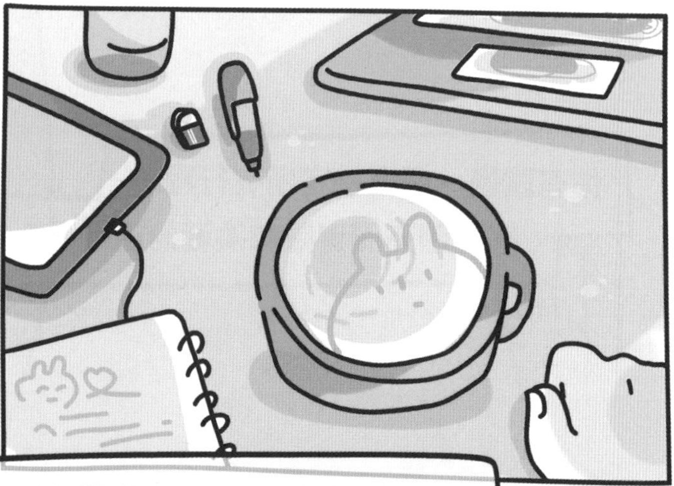

現在就放下令人焦慮的手機、
令人忐忑不安的人際關係，

和自己進行一場無拘無束的對話吧。

學著和自己相處、探索真正讓自己快樂的方式，

才能找到屬於自己的幸福秘訣，

才能讓別人知道，你希望如何被愛。

【推薦①】

這本書或許會改變我的人生也說不定

作家　王蘭芬

打開《從兩個人到一個人》書稿我就放不下來了，一面讀一面拿筆畫重點，還頻頻轉頭跟在打電動的老公，大聲分享每個超級有道理的人生哲學段落，等珍惜萬分地看完後，又迫不及待想重來一次，真情切意地認為，世界上最了解我的，就是這位我從來沒聽過她名字的崔唯娜了。

當了十多年離婚律師，現在四十歲的崔唯娜跟我一樣嫁了一個理工男，一樣是兩個孩子的媽，讀到她寫的，「雖說為了『家人』連性命都在所不惜，但……我再也不要幫你撿垃圾了。」我點頭如搗蒜，重重地在稿子上來回畫粗線。

然後當她回家跟老公抱怨遇到的鳥事時，對方總是進行理性分析，讓她某天下定決心坦白心聲，「你只要聽，然後安慰我就好了，除此之外什麼都不需要。」那次起，她的理工男老公不管聽她說什麼就「像部機器一樣回答『原來如此』」，原封不動輸出設定輸入的內容，謝謝他的配合。」我哈哈大笑轉述給我老公聽，他現在也從善如流地用「原來如此」堵住我滔滔不絕的抱怨。

其實當離婚律師的人很多，寫離婚書的更多，但崔唯娜的神奇之處在於，除了當一個「協助離婚」的法律人外，她還立志扮演「阻止離婚」的協商角色，從這兩個截然不同方向衍生出來的故事、經驗、觀察、分析，聰明又感性地結合成很有療癒及教育力量的作品，好到讓我可以掛保證——它絕對不是一般的心靈雞湯書。

她說：「我希望這本書能為那些在拚命努力過後仍決心結束重要關係的人，甚至是被人傷得傷痕累累又一次次希望對方後悔的人，帶來渺小卻強悍的慰藉。既然如此，我想獻給各位的就不是『雜亂無章的慰藉』，而是『井然有序的慰藉』。」

我覺得她真的做到了，而且做得非常好，或許就是因為她想幫助心靈受傷的人的決心，二〇一八年開始她與插畫家合作在ＩＧ上講述相愛、離別、家庭的故事，一炮而紅，之後寫的書也大受歡迎，近期更成了在各種媒體上都很活躍的人物。

非常喜歡她書中提到的許多論點，像是提醒我們，要對隨著時間流逝所發生的大小事保持敏銳態度，「我們必須接受一段關係能帶來多少幸福，往往也就伴隨著多少痛苦」。

又例如，「每個人接收慰藉的重點都不一樣，但大部分都能被『不是只有你那樣』這句話深深地撫慰」；「一個人的心智最難熬的時候，是真正做出決定之前，而不是下了決定之後」；很多尋求幫助的，只是想從律師口中聽到「一切都會好起來的」這句話；看過因為不肯道歉而惡化的各種關係後，「下定決心至少要把自己的孩子教育成懂得好好道歉的人」；與有被害意識的人相處，好好保護自己是最重要的事；努力不要在意別人的評論，「自己的相遇與離別，最終仍能以自己的標準為優先」；人只要能擺脫自卑感就能夠寬容待人；「我」正是自己最需要討好的人。

她還說：「不在孩子面前批評彼此，是賦予孩子得以同時都愛父母的自由。而這也是離婚父母能給孩子的最好禮物。」

對於離婚的親友，「說句『你學到很好的經驗，辛苦了』『你連這麼艱難的事都能克服，一定會蛻變成更堅強、厲害的人』。話說到這裡，就夠了。」

是不是都是非常棒的道理？

這本書其實不只適合想離婚或是已經結婚的人看，崔唯娜律師集她多年功力深掘人心的精華，絕對值得不管身處於何種境地的大家學習。

因為被她「無論是什麼樣的關係，終將會在僅僅換過兩、三次沙發的時間內結束」所震撼的提醒，在閱讀的過程中我一一審視反省自己與親朋好友的關係，並得到極實用的建議，甚至瞬間改善了家庭關係，這次我真的覺得，被一本書改變人生（並下定決心丟掉沙發），或許是有可能的。

【推薦②】

不只是關係，家務也需要兩個人一起

作家／編劇／講師　劉中薇

雖然，我們一出生就註定會死亡，但是我想，沒有人是奔著離婚去結婚的，說「我願意」的時候，我們期待的是白頭到老，餘生有你一起。

但有時候，王子公主的故事寫著寫著，就寫歪了，我們嫁給愛情，現實中莫名其妙敗給了生活。

離婚的故事百百種，你的身邊、我的身邊，都聽過無數的故事，但是離婚律師聽到的，應該就是集大全的精華。透過作者的目光，我們看到了所有離婚者的群像。

作者說，離婚律師最常被問到的就是：「最多的離婚原因是什麼？」

她的答案始終如一，就是「個性不合」。

蝦米！這實在太令人沮喪了。

想當初敲鑼打鼓結婚的時候，我們肯定是打從心裡覺得：「我跟他好合啊！」「這世界上沒有人比他更懂我了！」「除了他，我可不要嫁（娶）別人！」

但是隨著時間推移，沒有人說得出是從哪個時間點開始，兩個人已經漸行漸遠，有時候，有一方已經傷透了心，另外一方還渾然無所覺。

婚姻生活中，家務是最可怕的隱形殺手，這點，我心有戚戚，我不就剛收拾完狼籍的餐桌、擦完地板，才能坐下來寫稿嗎？

作者自嘲，二十多歲單身時期，每次聽見委託人說「因為對方牙膏用完沒有蓋蓋子，所以我就爆發了」「因為對方襪子沒有翻回正面，所以大吵一架」之類的故事時，內心總會覺得：「為什麼會為了這種小事吵架？再把牙膏的蓋子蓋上不就好了？重新把襪子翻回來就好了啊？難道愛一個人，連這點事都做不到嗎？」

直到，當作者也結了婚，也在工作與家務中焦頭爛額，她終於明白：就算我們做好為愛付出的準備，但也不意味著這些付出可以直接變質為無止境的勞動。我再怎麼愛你，我也不要天天為你倒垃圾！（我忍不住鼓掌）

家務不但沒有成就感，更疲憊的是，沒有「結束」的一天。（就像我寫完這篇稿子，還有待洗的衣服、待丟的垃圾在等著我。令人髮指的是，明天竟然又是新的一天，新的髒衣服、新的垃圾……）

作者觀察到，在前來訴請離婚的委託人之中，大多數都是因家務引起紛爭，然後點燃了離婚的決心。在離婚事由中提到「家務問題」的比例以五十至六十多歲的女性占壓倒性多數，四十多歲的女性則是偏多數。

就是這些看似雞毛蒜皮的小事，消磨了火熱的一顆心。

家是大家的，「家事」是大家的事，看來這是婚前教育非常重要的篇章，家務的分工肯定要說清楚講明白。

而我們永遠要感激，有人做著沒完沒了、毫無終點的雞毛蒜皮小事，這些日常生活中微不足道的付出，往往是是婚姻生活最重要的基石。我們若能用「無時無刻」的感激，來珍惜那些「沒完沒了」的付出，相信能夠在婚姻大道上，走路有風。

若還是不小心，越走越喪氣，提早走到終點，那也絕不是人生末路。

作者提到，來找她的委託人，一開始會不修邊幅，悲傷到連呼吸都覺得困難。但是，往往經過兩三個月後，都能穿上費心搭配的衣著，神情自然穩定地出席。

一個人心智最難熬的時候，是「真正做出決定之前」，而不是下了決定以後。當人們做出重大決定後，才有辦法站在客觀的角度，釐清自己將從中獲取什麼樣的得失，並且慢慢接受這個選擇。一切的痛苦自然也會在這段過程中逐漸舒緩。

無論如何，一切都會好起來的。

婚姻的路不好走，但是自己人生的路，卻可以越走越寬廣。生為一個說故事、教故事的人，我總是不厭其煩地提醒，永遠是「自己」可以決定故事的發展，不論「一起」也好，「一個人」也好，只要能好好珍愛自己，都能把人生活成幸福的故事。

瞧，等下我交了稿子，準備要投入沒完沒了的家務裡。而我會發個簡訊，提醒腦公，明天，換他去倒垃圾！

【推薦③】

搞定自己

Podcast《只能喝酒的圖書館》主持人 Ting

原來我想定這篇推薦文的題目是〈自我的情感教育〉，在和H一起煮咖啡閒聊時：

H：四個字聽起來比較會賣。

T：嘿對！那你說哪四個字？

H：搞定自己。

T：（白眼）

H：真的啊！一切的一切，不過就搞定自己而已。

雖然非常無厘頭，但仔細想想，本質上確實如此啊！

從有記憶以來，我就面對父母失衡的婚姻關係。

小時候父親外遇不曾間斷，他曾帶著我離家三天，住在當時的女友家，半夜時常醒來的我，某天半夜醒來坐在貴妃椅上望著床上赤裸的男女，其中一個是我的父親，另一個是我不熟悉的女子，當時的我六歲。

回家後，母親生氣地質問我父親帶我去哪裡？有沒有叫那個女人媽媽？我恐懼地邊小聲啜泣邊說「沒有」，至今我仍然不清楚母親是否相信我說的話，只記得她憤怒地不停質問我的樣子，不管我說了多少次「沒有」，或許，當時的她能做的也只能把所有憤怒發洩在我身上。

父親無數次地毆打母親，每次毆打的原因不外乎是金錢和外遇。

最讓我震撼和心碎的時候，是十九歲時，母親從親戚口中得知，我早已知曉父親外遇的事而隱瞞她多時，她憤恨悲傷痛哭斥責我「你不是我的女兒」。

啊！我還記得他們問過幾十次的問題：爸爸媽媽離婚你要跟誰？

所有所有的畫面都儲存在腦海中的D槽，在我磕磕絆絆的人生道路上，跌落谷底的自怨自艾時，反省自己的過程中，修復自我的每道程序裡，終理解自己個人的成長創傷。

二十五歲那一年我逃離台灣飛往紐約，離開令人窒息的家和城市，帶著滿身的傷痕，去往一個陌生的地方，然後開始了一段自我挖掘的黑暗期，開始一次又一次地觀看不堪的自己、厭惡的自己，把那些不想要的自己丟掉，重新尋找、拼裝，花了一年的時間，慢慢地從迷失自我的黑洞中爬出來。

四年後，二十九歲，一位中醫師花了一小時替我把脈問診後說：「你看你連指甲顏色都變色了，你知道你現在嚴重憂鬱症嗎？再繼續下去會連命都沒了。」我才恍然想起自己已經將近一年沒辦法好好進食，經常嘔吐，體重驟降十公斤，骨瘦如柴。

十九到二十九這段青春歲月，遇到許多人，或許他們都嘗試待在我身邊，而我過去層層疊疊累積而來的創傷，使我夕陽時焦慮、星期天晚上焦慮以及秋傷，終致我無法駐足在任何港灣，又或者說，沒有任何港灣願意收容我。漂泊十年後，我遇到了H。

當時他正經歷前女友癌症病逝的傷痛。

而我正處在最黑暗即將迎來黎明之時。

兩個受了傷的靈魂相遇，自然而然走在一起。

我永遠都無法忘記某個星期天早晨起床，莫名焦慮感又似螞蟻啃咬全身，心臟似被掐著快要停止跳動。起身去客廳，外面豔陽高照，陽光從四面八方的窗戶照進屋內，然後看到剛起床的H，坐在窗下的沙發上，走過去他的身邊，我說：「焦慮又來找我了，我的心臟好不舒服。」他滿臉痴呆，握緊右手拳頭像是宣示一樣望著我說：「Baby不要怕！

我保護你！」

我噗哧笑了出來，然後跳到他身上，窩在他懷裡取暖。

他正面臨前所未有的逝去的傷痛，與此同時又是如此穩定，於我而言他是如此美好，而我又是否值得讓他待在我身邊？當我如此思考時，突然發現，他讓我「想變成一個更好的人」這個目標又往前邁了一大步。

在閱讀這本書的過程，好多過往的畫面如泅泳般襲來，我看見自己完整自己的過程。

沒有人是完美的，沒有人能擁有完美的人生。

人生而破碎，我們永遠都在完整自己的路上。

【推薦④】

這本書，獻給在關係中徬徨迷失的你

GAS口語魅力培訓®創辦人／廣播主持人／
銘傳大學傳播學院助理教授　王介安

「我們必須經常記得，有人為了你不停做著這些沒有終點的雞毛蒜皮小事的價值。」是的，這是一場關於「關係的功課」，每個人都該領悟。現在由一位離婚專業律師提醒了我們，真有說服力。

不用心理諮商證照，不是溝通專家，但那些直指人心的「關係的體會」，造就溫暖而細膩的心靈觸動。如果你曾經在關係中茫然，甚至迷了路，這些文字會給你另一種視角與力量。

【致台灣讀者】

為了擁有美好的關係，寫給你的愛之語

大家好，我是韓國的「離別與關係」專家崔唯娜。成為離婚專業律師雖已邁入第十二個年頭了，但我依然傾向將自己定位為離別與關係的專家。儘管自己既不是主修心理學，也不是精神科醫師，但真正促使我這麼想的原因，是因為我在過去十二年間見了數千個人，傾聽過他們內心深處的故事，同時又在得知各種內情的狀態下，看著一對對夫妻離別。這些經驗徹底改寫了我的人生。於是，為了讓世上更多人知道這些「只有我自己知道實在太可惜」的內幕故事，我在律師的工作之外，也涉足作家、YouTuber領域，同時參與了電視節目。近期也正在提筆創作十六集取材自離別與關係的電視劇。

在世界格局已經出現巨變的這個年代，職業的定義早已變得不再單一。隨著自媒體、AI的蓬勃發展，人們向世界傾訴故事，向他人伸出援手的管道也變得更多元。因此，身為律師的我在法庭上擔任訴訟代理人時，固然需要全力以赴為委託人爭取最大利益，但離開了法庭，我卻一心想著究竟該怎麼做，才能善用自己擁有的專業知識與對內情的了解，阻止因「誤會」而漸行漸遠的離別呢？我絞盡腦汁，只為略盡綿薄之力。而這本書，或許也是我絞盡腦汁後踏出的第一步。

《從兩個人到一個人》雖是關於離別的故事，卻不是為了離別而寫的。它探討的是關於我們每段關係的故事，也可以說是為了現在仍愛著自己過去愛上的人、未來還要繼續愛下去，所寫出的方法學。許多人都抱持著「非對方不可」的想法而選擇結婚，但彼此間的關係卻不知從何時開始出現了距離，甚至變得無法溝通，只剩下不斷累積的誤會。隨著誤會的那堵牆堆得越來越高，連努力試著理解彼此都變得困難，我們下定決心離別。前來找我諮商的人，大部分都是基於這個原因而決定分開。不少人都以為外遇、暴力才是造成離婚的主因，但其實比起外遇、暴力等法律上的原因，絕大多數是因為解決不了彼此間的分歧。我希望自己學到的一切、提筆寫下的文字，能夠成為各位決定與愛人道別前，再深思熟慮一次的過濾器。如果是現在已經懂得與愛人好好維持親密關係，不需要煩惱離別的讀者，也希望各位可以藉著這本書，開始反思彼此有辦法融洽相處的原因，並以此作為契機，讓這段關係能在未來發展得更好。

即將邁入四十歲的我，在二十五歲左右認識了與自己性格完全相反的人。結婚超過十年，教養著與我不同性別的兩個兒子。除了工作上如此，像這樣和家人相處的過程中，不斷經歷必須理解與克服彼此差異的情況，自然就會越來越煩惱。各位一定也和我一樣。朋友、家人、同事，和任何人相處向來就不簡單，甚至還很痛苦。是我很奇怪嗎？是對方很奇怪嗎？只顧著辨別是非，是絕對解決不了問題的。所謂的同理與尊重，並不是完全理解對方，或是順從、跟隨對方的話。我認為，時常抱持著「對方可能就是那樣。雖然我沒辦法百分百理解，但對方一定有自己的原因」的「善解」，我們勢必能在與他人的交集裡，打造一起享受、一起進步的空間。

各位台灣的讀者，這本書能夠在台灣翻譯與出版，我真的非常開心。雖然不曾親自到訪台灣，但我在加拿大留學時也認識了不少台灣朋友，總能感覺他們在情感上與韓國人類似。多虧這些熱情、善良、有人情味的台灣朋友，順利為我一年的研修生活畫下句點。透過當時認識的朋友，我間接得知台灣人也有家庭主義，以及體諒彼此、為他人犧牲的文化。只是，現在我想知道，假設我愛自己勝於家人，結果會是如何？我想，當一個人懂得先愛自己，並且為自己的幸福而活，自然就能與家人、另一半建立長久穩定的「合作關係」，而不只是情感上的依賴關係。

由衷感謝各位台灣讀者願意翻開我的書。十二年來，我每天都會面對正在跨越人生極大關卡的人。於是，我也因此明白了平安無事的生活有多麼困難，平安無事過完一天，就是最幸福、最特別的日子。

真心期盼各位都能「平安無事」地度過每一天。感謝每一位台灣讀者，我愛你們。

崔唯娜

目錄 CONTENTS

第一章

我們，即使傷痕的紋路不同

第二章

如果我們使用相同的語言溝通

第三章

有辦法抓住的，只有自己的心

目錄 CONTENTS

第五章

我和我們之間

【序】

只因想和美好的人一直走下去

「唯娜，我想離婚。大概要花多少錢？」

就在我寫這段文字的當下，輕快的提醒音效響起，某位前輩傳來了這樣的訊息。我出於本能地看了看時間。

晚上八點半。

果然。只要是熟人們在晚上八點半以後傳訊息給我，百分百都是鐵了心要分手的內容。幾乎沒有一次例外。我停下原本要寫的東西，選擇先回前輩的訊息。

「怎麼了？發生什麼事了？」

決定分手的人們，各自都有著自己的「故事」，而且無一不是崎嶇坎坷。大概就連此刻正在詢問辦理離婚得花多少錢的這位前輩，也有不得不急著要離婚的原因吧。

只是，人們似乎對這些曲折離奇的故事很感興趣。身邊的親朋好友每次見到我時，總會以充滿好奇的目光問道：「有沒有什麼印象比較深刻的案件？」基於律師的保密義務，我沒辦法與他人詳細談論任何一個離婚案件的故事。然而，當我簡單地提及自己接觸過哪些案件，以及從中學到什麼時，他們總會異口同聲地感嘆：「這些事只有你自己知道也太可惜了吧？」

為什麼會覺得只有我自己知道太可惜了呢？是基於「原來世界上什麼光怪陸離的事都有啊……」的心態嗎？或是因為故事實在太有趣了呢？的確不無可能，但我認為這些並不是原因的全貌。真正引起他們強烈迴響的，其實是在我見證數千對伴侶相愛與離別，甚至重啟人生之後，我真切地活出自己，說出了「對關係的感觸與領悟」的那一刻。

「對關係的感觸與領悟」。

心想著「應該與更多人分享這一切」的我，於是在二〇一八年九月啟用社群軟體後，開始與畫家合作，上傳關於相愛與離別、家庭的漫畫《Marriage Red》。本來只是傻乎乎地抱持著「如果能有超過一百個人看就好了」的期望才開始做這件事，沒想到竟在不知不覺間擁有了超過二十五萬名的追蹤者。朋友們說過那句「這些事只有自己知道也太可惜了吧」，竟成真了。

不少留言的反應都是「世上居然有這種事？」但實際上真的該聽到這種反應的案件，反而都因為太過具體而無法談論。因此，在制定內容時，我選擇像與朋友聊天般，聚焦於自己因這些事得到的「體悟」，而不是鉅細靡遺的案件內容。以《Marriage Red》的內容作為基礎，稍微修潤後出版的第一本著作《我們分手吧》（暫名，大田二〇二四年出版）收錄的幾篇散文也是基於這個原因。

不過，我卻開始收到讀過第一本著作的讀者們傳來訊息，詢問「這本書是很好看，但很可惜律師的文字太少了。之後會不會再出散文啊？」而且，諸如此類的訊息比想像中來得多。

我出散文？我又不是專業的作家，這可能嗎？起初自認不可能的事，卻在持續收到類似的訊息後，開始有了不同的想法。

「是啊，我的確沒辦法像專業作家一樣寫出細膩、美妙的文字，但或許可以傳達一、兩段對人生有幫助的故事吧？」

於是，我鼓起勇氣開始提筆撰寫第二本書。

我既不是心理學領域的專業人士，也不是關係或溝通專家。我只是一個在與他人相處的過程中，動不動就隨那些任誰都曾體會過的責任感與憤怒、怨恨、快樂等情緒起舞的平凡人而已。即便如此，身任律師一職十餘年的我在接觸過人間百態後，才發現自己因此得以從旁靜觀其他職業絕對不可能看到的各種景象。

多數找上律師的人，要不是已經被逼到絕境了，要不就是正處於人生極大痛苦的狀態，這種時候還要再戴著社會化的面具，實在太累了；換句話說，看見人類最極端的模樣是律師們的家常便飯。即使已經置身於如此極端的境況，有些人依然懂得體諒他人，有些人則會做出極為自私的行為。最令人驚訝的是，體貼不一定能夠修復關係或解開矛盾，而自私自利的行為也不一定會摧毀關係。

我已經不止一、兩次驚訝於人們因言行、表情產生的互動，而維持或破壞一段關係的畫面。儘管我無法就心理學的角度剖析這一切究竟蘊含了什麼意義、為什麼會發生這種情況，但站在客觀的立場看久了，多少都能嗅出些端倪。

對我而言，我領悟到藉由自己的職業，不，是藉由這份職業遇見的無數人，其實都是我的老師與慰藉。在平凡的環境中成長的我，始終抱持著感恩的心，看待這些讓我得以就近靜觀他人的各種人生歷程的機會。如果不是他們，我根本不可能在自己僅有一次的人生中明白與感受得更多，而是繼續被禁錮在崔唯娜二十多歲的視野，一味顧著使用自己的標準去判斷他人，連何謂「一段好的關係」都不知為何物，繼續以這種狀態與人相處。

幸好，我長成了一個懂得時刻省思關係，並願意為了與自己所愛的人們延續一輩子良好關係而傾注心力的大人（雖然還有許多不足之處，但我相信自己是如此）。最重要的是，我開始努力為人服務，學習尊重他人，不帶任何偏見地看待每一個人。於是，我才終於明白經由這些努力釋放的不是他人，而是我自己。

我希望這本書能為那些在拚命努力過後仍決心結束重要關係的人，甚至是被人傷得傷痕累累又一次次希望對方後悔的人，帶來渺小卻強悍的慰藉。既然如此，我想獻給各位的就不是「雜亂無章的慰藉」，而是「井然有序的慰藉」，所以我為此不斷地提問與深思。只要我的誠意與努力能夠稍微觸動各位，便已足夠了。

第一章

我們，即使
傷痕的紋路不同

連離別都
親自教懂我的父親

值得慰藉的是，回憶會永遠與我同在，直到我闔上雙眼的那一刻。

如果要說人生中影響我最多的人，我絕對會毫不遲疑地回答「父親」。至於原因，我想是因為我們不同於一般的父女關係，相處時反而比較像朋友，而且還有太多只屬於我們倆的回憶了。只是，日子過得越久，我越覺得不一定只有這個原因。

父親與我性格很像（順帶一提，在MBTI❶的四種特質中，父親和我只有第一個不一樣）。雖然我們的成長環境大不相同，彼此間難免存在代溝，再加上基於父母與子女關係的獨特性，當然也少不了會有產生衝突的地方。不過，先撇開外顯的性格不談，單就深層的內在特質來說，便會發現我們真的是極為相似的類型。或許也是因為這個原因吧，我們以前才會對彼此的私事或情緒激起更為敏感、深刻的共鳴。

我之所以使用過去式，是因為父親在我成為律師的那一年過世了。當時住在宿舍的我，正如火如荼地準備著即將到來的律師考試，而父親的電話卻開始變少了。原本幾乎每天講電話分享日常的父女突然間沒有聯絡，我確實有察覺到異狀。只是，對於一個大考近在眼前的考生而言，正值連講通電話都會感到罪惡的時期，實在無暇認真看待這件事。

終於在我手忙腳亂地結束考試後離開考場之際，接到了父親打來的的電話。

「一定是怕給我壓力，所以才一直忍著沒打電話。現在一考完就馬上打來了。」

一心想著要快點和父親分享此刻心情如釋重負的我，開心地笑著接起電話。然而，父親卻用平靜的聲音說了一句我完全沒有意料到的話。

「唯娜，爸爸想跟你說，我的身體很不舒服。」

父親從來不曾感冒，就像是嚼塑膠也能消化得很好，是那種天生體質就很健康的

---

❶ 譯註：Myers-Briggs Type Indicator，邁爾斯－布里格斯性格分類表，又稱16型人格測驗；近年廣泛使用於職場與學校的評量方式，藉以善用特質開發潛力。

人。

「怎麼了？重感冒嗎？」

「不是，不是重感冒……是癌症，醫生說是末期。」

現在是在跟我開玩笑嗎？這個慶祝考完試的儀式有點太過分了吧？一切都太不真實了。

「你在說什麼啊……？爸，你現在人在哪裡？」

混亂的我愣在原地。強撐著逐漸神智不清的思緒，拔腿奔向父親說的那間醫院。霎時間腦海中閃過數不盡的念頭。我咬緊牙拚命忍住幾乎脫口的嚎啕。必須先見到父親才行。

氣喘吁吁的我抵達醫院，望見父親的模樣，與我平常認識的他簡直判若兩人。父親拖著一副彷彿只要輕輕一碰就會應聲瓦解的削瘦身軀，像個典型的癌末病患一樣躺臥著。

「這個人真的是爸爸嗎？幾個月前見到他的時候，明明還不至於這樣啊……我還以為是他想稍微減肥……怎麼可能在這麼短的時間內就讓一個人變成這個樣子？」

那天，我扎扎實實地懂了「天塌下來」究竟是什麼意思。我的天，不，我的全世界崩塌了。為了忍住不哭，下巴的肌肉傳來一陣陣搏動性的抽痛，腦袋宛如凝起濃霧般變得一片空白。直到踏出病房的那一刻，強忍的淚水才一口氣潰決。痛哭失聲的我，彷彿全身上下的每一個細胞都在顫動著。

從那天起的六個多月後，我被迫經歷了徹底將人生連根拔起的離別。

對我來說，父親是「厲害」與「超級有趣」的代名詞。無論多忙、無論我人在哪裡、無論我和什麼人在一起，只要我開口說一聲，他都會立刻跑來找我；只要我表現出對任何東西感興趣，他也總會不斷想盡辦法給予適當的刺激，鼓勵我去嘗試。大家都說：「這種父親很少見。」或許是因為性格相似，光是和父親你一言我一語地開開玩笑，都讓我覺得非常有趣（就姊姊記得的父親是一個有些嚴格、可怕的人這點而言，所謂的「關係」確實是相對的）。小時候去父親的公司玩，我會直接坐在父親的位子上，也會從父親的錢包拿出信用卡放進自己的錢包……總之，父親做的每一件事，我都要和他一樣。

曾經無一處不讓我憧憬的對象——父親，這樣的父親卻以最脆弱的模樣，帶著連他最疼愛的小女兒的臉都認不清的崩毀軀體，彷彿寧死也不願再承受如此極端的痛苦般，拚命閉緊雙眼離開這個世界。

二十多歲的我一直以為能和家人永遠在一起，然而，與父親的離別就像地球的地殼消失一樣，留下了無止境的空虛與恐懼。我甚至還必須在父親過世的兩個月後，正式踏入人生的第一個職場擔任律師的工作。現在回想起來，我根本記不得自己當時是以什麼樣的狀態，活過那段日子和完成工作。我曾經在前往外縣市處理訴訟的途中，獨自在車子裡哭到看不清眼前的路；也曾經在聽委託人的故事時，因為被內容觸動而流下一直強忍的眼淚；甚至還在公司聚餐的時候借酒痛哭。大概有三年的時間，我都過著這種與淚水沒有絲毫徵兆就會突然潰決的狀態搏鬥著。不想被其他人察覺獨自悲傷的我（畢竟在二十多歲失去父親是件很難得到共鳴的痛苦經歷）頑固地硬撐著，於是我不知不覺對周圍的人豎起渾身的武裝。

這就是為什麼古人主張守喪三年嗎？三年的時間一到，那些無法控制的煎熬與悲傷似乎真的就在我心中掘了一塊土，然後深深扎根。被埋葬在我心深處的，我的家人、我的摯友、我的爸爸、我的父親……

經歷過無法言喻的椎心傷痛後，我才終於徹底明白了一個人在離別時的心情。從中，也稍微學懂了慰藉的方法。父親終其一生不是在教我就是準備教我，連到了人生的最後一刻，也在告訴我何謂「接受離別的方法」和「安慰他人的方法」。

「謝謝這麼會讀書又這麼漂亮的乖孩子唯娜來當爸爸的女兒。」

仔細想想，父親在他人生的最後一個聖誕節前幾天，曾經不經意地用這句話與我道別。只是，當時的我並不知道這句話是在道別罷了。明明很清楚癌末的致死率極高，但當時的我從來沒有想過父親有一天會離開自己的身邊。不，應該是我不願這麼想。或許是因為如此吧，我覺得離別後需要很多、很多時間才能送走一個人。

沒有任何一段關係可以天長地久。無論是血脈相連的關係，或是始於好感的關係，所有關係的盡頭都是某種形式的離別。希望我們都永遠不要忘記這件事。只要能做到這件事，我們就會時常省思與自己相關的每一段關係，而後感激對方、理解對方的心。

值得慰藉的是，回憶會永遠與我同在，直到我闔上雙眼的那一刻。或許，這也是為什麼日常生活的瑣碎回憶才更珍貴。

每當發生值得開心的事時，依然能讓我落淚的人；

每當面臨難以承受的煩惱時，依然會來夢中安撫我的人；

使我頓悟我們每個人都終將面對離別這個亙古不變真理的人——父親。

因為父親，我才明白了自己身邊的人，自己享受著的日常，讓我得以大吐苦水的關係，時而覺得厭煩卻又時而帶來滿滿幸福的人，與家人、朋友，甚至連我自己，隨時都有可能消逝得彷彿從未存在過一樣。

我現在是準備邁入四十歲的大人了，
所以自己一個人也可以做得很好。
不要擔心我。
願你在更好的地方安息。

是憤怒？還是自卑？

可以在說出「一切都是你的錯」前，先試著說一句「我現在感受到××的情緒，你可以幫幫我嗎？」

當我說出自己的職業是離婚專業律師時，最常聽到兩個問題：第一個問題是——

「最常見的離婚原因是什麼？」

第二個問題則是——

「有人會打離婚官司打到一半復合嗎？」

我的答案始終如一。第一個問題的答案是：「個性不合」；第二個問題的答案是：「根據我個人的主觀統計，大約是百分之五到十吧？」

既然會選擇「離婚訴訟」如此極端的離別方式，意味著彼此間的憤恨已經到了不可收拾的地步。當兩個人處於這種不是你死就是我亡的敵對狀態，真的有可能從人類所有欲望都能成為爭端的戰場「法院」，你儂我儂地重新牽起對方的手離開嗎？不，如果從一開始就是有辦法如此輕易修復的關係，還有必要走到告上法院這一步嗎？

數年前，有個關於孩子還不滿一歲的新婚夫妻離婚案件。我當時是妻子的委任律師。

「因為生完小孩後我的身材完全走樣……我開始變得憂鬱。假如可以出去隨便和誰見個面，搞不好情況會好一點……但整天我只能在家照顧小孩，結果不僅變得越來越胖，憂鬱症也越來越嚴重。」

滿腹委屈的妻子邊說邊強忍淚水，好不容易才接著說道：

「就這樣一直到了某一天，結束加班的老公一回到家就問『有煮飯嗎？』當下，我就因為這一句話爆炸了。尖酸刻薄的話也就這樣在不知不覺中脫口而出。我回了句：『光是要顧小孩就已經夠累了，你還要叫我煮飯做菜嗎？』然後……我實在不想再想起當時自己還說了什麼了……等到我回過神來，我們已經在對彼此做出人身攻擊了。」

自從那次爭執後，這對離婚夫妻便開始分居。又過了一段時間，妻子始終沒有收到任何來自丈夫的聯繫，認為丈夫顯然已經不再把自己當作女人看待的她，決定透過我遞交離婚起訴狀。

不久後，便收到來自丈夫的反訴狀。內容是關於妻子如何貶低自己的經濟能力與質疑自己當父親的資格，甚至還將他趕走，才會導致無法再與對方繼續生活下去。收到反訴狀的妻子，自然是更加氣憤。

「先提出要分開的人明明是他本人，結果現在竟然還敢故意找碴，寄反訴狀回來？太無恥了。」

雖然嘴巴上是這麼說，但看得出來她其實相當震驚。婚後經歷了「懷孕」「生產」「育兒」等天大難關的妻子，理所當然地認為只有自己一個人在辛苦。她不斷思索著「你說你也很辛苦？」並露出了半信半疑的表情。

一個月後，我收到對方送來更新的書面資料。內容提到，不將自己視為男人的妻子非但拒絕履行夫妻義務，也認為自己不具備為人父者該有的經濟能力，為了趕走自己，甚至編造了各式各樣的謊言。仔細想想，雙方似乎都覺得是對方先推開自己的。

「這對夫妻都因為必須為一個孩子的人生負責感到極度的壓迫……但其實對方根本沒有這麼想啊，這樣一來不就誤會大了？」

諸如此類的想法一直纏繞著我。於是，當我開始思考這對夫妻是不是能有離婚之外的其他選擇後，便決定重新再慢慢研究一次妻子與丈夫的事由。

「離婚律師」這個名稱，很容易讓人以為是「協助夫妻離婚的人」，但事實上這並不是全部，有時反而還會在諮商的過程中，演變成協助夫妻繼續維持關係的情況。因此，我認為所謂的「離婚律師」，指的「既是協助離婚，也是阻止離婚的人」。大約就在這對夫妻也覺得離婚不一定是唯一答案之際，調解期限（尋求彼此共識的期限）到了。

雙方當事人睽違將近四個月的面對面，在法院相見的他們，眼神甚至無法直視對方，只有眼眶含淚地顫動著雙手。這對年輕夫妻滿身瘡痍的模樣，好不令人心疼。

我的委託人先向調解委員們傾吐自己的想法。

「在這之前，老公從來沒有要求我煮過飯，反而還會自告奮勇說要煮飯給我吃。可是，那一天，就是我整個人身體最難受的那一天……卻說得像是要求我去煮飯一樣。當時，我只覺得『哇……原來我現在對你來說就只是個用來顧小孩和煮飯的人而已』，真的讓我覺得太羞辱、太生氣了。」

丈夫輕嘆了一口氣後，緩緩開口：

「當時，老婆用著非常厭惡我的眼神瞪著我。如果不是因為平常一直看不起我賺得太少，根本不可能單純因為一句『有煮飯嗎？』就出現那種反應。那真的是一種完全不想看到我的表情。」

調解室陷入一陣令人喘不過氣的沉默。五十多歲的女性調解委員、四十多歲的男性調解委員，以及將近四十歲的我與對方的律師。我們交換著眼神，同時湧起了一輩子總得經歷一次的複雜情緒。五味雜陳的心情。

打破沉默的，是那位五十多歲的女性調解委員。

「自從孩子出生之後，夫妻間的關係改變了很多吧？不只是兩位，這是在許多夫妻身上常見的事。只要孩子一出生，所有夫妻都會在某種層面上感到受傷。因為不懂的事太多而焦慮，因為身體的不適，讓人沒辦法再隨心所欲活動，而開始覺得自己好沒用。一方面覺得自尊感低落，另一方面又對孩子感到愧疚，結果變成了惡性循環。」

在座的所有人都點了點頭。想必是對這段話產生了很深的共鳴。

「這些情緒終究得找到發洩的出口，但因為不能發洩在孩子身上，最後才會被另一半一句根本沒有特別含意的話引爆。一直以來累積的委屈就這樣一口氣通通宣洩出來了。可是，兩位請仔細想一想。兩位現在認為對方說過的話，其實都是自己的推測吧？『他好像不把我當作女人看待』『老婆一定是因為我不會賺錢才看不起我』，沒有一句是真的從對方口中聽到的話。」

夫妻倆默默低下了頭。

「其實，兩位的憤怒會不會是源於對自我的不滿呢？像是生完小孩後，『唉，我生了小孩都變成歐巴桑了。老公還會把我當作女人看待嗎？』『養孩子為什麼得花這麼多錢？我賺的根本不夠花啊……』等等，看到兩位都這麼受傷，自尊感也陷入低落的狀態，想必根本無暇再去看一眼對方的傷口吧。」

夫妻倆的肩膀聳動著。原本靜默的哭泣，剎那間幾乎響徹整個法庭。我與對方的律師不分先後地為兩位委託人遞上衛生紙，然後靜靜輕拍他們的背。

經過一陣子後，兩位調解委員才談起了各自的婚姻生活。像是父母在生完小孩後通常會出現什麼情緒、夫妻間如何溝通等話題。於是，這對夫妻開始慢慢誠實地傾吐自己的情緒，而不是對對方的攻擊或猜測。持續大約一小時的對話，終於讓他們看清了彼此的傷，並說道：

「我現在終於知道了。雖然我一直以為對方看不起我，但事實並非如此。而是我對自己的自卑感作祟。」

這種情況不只會發生在夫妻間。一旦自尊感低落，任何人一句不經意的話都會讓人感覺像是嘲諷。

問題在於，我們因為聽見這些話而莫名其妙遷怒的對象，也與自己一樣正處於身心俱疲的狀態，當對方的心理狀態無法細膩察覺這些令人心疼的憤怒的真實原因（對於被生活壓得喘不過氣的多數人而言，根本不可能有這種閒功夫！），自然就會將諸如此類的憤怒解讀為對自己的攻擊。結果，關係只能走向破裂。數不盡的父母與子女、兄弟姊妹、情人、朋友、同事，都是為了這個原因才換來「撕破臉的離別」。

因此，如果不想失去自己珍而重之的人，千萬要在聽見對方講出點燃怒火的話語瞬間，先試著深呼吸，然後冷靜思考一下。

「這個人平常就是會說話傷我的人嗎？本來就是這樣的人嗎？」

只要腦海中浮現的答案不是「他本來就是這種人」，那就該好好檢視自己當下的心理狀態，而不是一下子就發火。當醒悟了自己當下的憤怒並不正常，而是源於低落的自尊感或對承接新責任感到負擔、過度壓力時，不妨稍微調整一下自己的呼吸，再接著嘗試向對方坦白自己的心理狀態。

我認為，光是具備準確診斷自己憤怒原因的能力，都足以大幅減少讓一段曾經美好的關係分道揚鑣的機率。假如真的覺得這麼做很難，或許可以在說出「一切都是你的錯」前，先試著說一句「我現在感受到××的情緒，你可以幫幫我嗎？」

關於情緒操縱

「爸（媽）！清醒一點！那個人根本沒辦法這麼做，拜託你擺脫這一切吧。」

二〇二〇年七月，發生了一件三姊妹殺害母親的震驚案件。究竟為什麼女兒們會對自己的親生母親做出如此大逆不道的事呢？經過實際了解才發現，在這個全然無法理解的案件背後，還有一名神祕的第三者——與母親是三十年摯友，以及一次又一次操縱三姊妹，為自己謀取利益的算命師A，才是真正的罪魁禍首。據說，三姊妹連到了法庭也完全沒有打算控告A，反而還將其神化並激動地袒護這個人。

看著有關這個案件的節目時，我忽然想起自己也諮商過一個令人深感遺憾的案件。那是關於和先生分開後，獨自扶養孩子的Y的案件。

「在我快要撐不下去的時候，遇見了一對能讓我精神依靠的夫妻。因為他們聲稱自己是教徒，而我也是，於是對他們的信任自然有增無減。後來我們變得越來越熟，他們覺得我自己一個人帶小孩太辛苦了，提議我們乾脆搬去和他們一起住。一開始我是婉拒這件事的，但因為他們一直勸說，或許加上我真的需要有個依靠吧，最後就答應了。我們就這樣搬進了那個家……幾乎有六、七年的時間都過著按照他們指示的生活。」

那對夫妻告訴Y，她必須百分百遵從兩人的指示才能夠好好教養孩子，而且主張教養孩子他們也有責任，突然就奪走了教養孩子的主導權。不僅如此，Y甚至還被禁止與自己的父母聯絡、不准離開獨自生活、不可以持有自己的財產等，連父母給她的數億韓元也通通被拿走了。

聽著這些故事，我實在無法置信自己的耳朵到底聽到了什麼。怎麼可能會發生這些事？我謹慎問著Y的原委，她說：

「在我人生中最難熬，甚至在我認真想過要自殺的那一刻，是他們幫了我。還有誰會把我這樣的人帶回家，甚至還提供物質與精神層面的照顧？我真的比對父母、對神還要更感激他們，所以才會全心全意敬仰他們。」

直到過了好幾年才終於清醒並擺脫他們控制的Y，雖然在述說這段過往時始終保持平靜，但一提及孩子，強忍的淚水仍在瞬間潰決。

「太對不起孩子了，真的太……太……」

近年特別常聽到的詞彙是「情緒操縱」，我第一次知道這個詞，是來自年輕的委託人口中。情緒操縱，又稱「煤氣燈效應」（Gaslighting），這個心理詞彙意指操縱他人的心理，藉以在其身上行使自己的控制能力。這個詞的語源出自電影《煤氣燈下》（Gaslight），劇情描述一名丈夫故意將家中的煤氣燈調暗，但當妻子表示「家裡好暗」時，堅持否定並因此責備她。妻子在昏暗的煤氣燈下，逐漸開始錯覺這一切都是自己的幻想，進而無法相信自己，最後變得只能完全依賴丈夫。心理治療師羅蘋・史騰（Robin Stern）受到劇中主角的啟發，將這個心理行為命名為「煤氣燈效應」，指稱一個人透過洗腦他人使其漸失判斷能力，讓對方只能依賴自己的行為。

執行情感操縱的人，甚至連在自己犯下外遇、暴力，道德與法律都不容的天大錯誤時，還會以「都是因為你才會變這樣」「我是因為你做出該打的行為才打你」之類的理由合理化自己的行為，並且將錯誤的責任轉嫁給對方。持續接收這些說法的受害者，非但不會怨恨對方，更自責一切都是自己的問題，甚至最後陷入自我厭惡的絕境。隨著自我變得越來越渺小，對方自然就會成為自己眼中無法逾越的高山。

「我老公……真的是個很可怕的人。想必也一路跟蹤我到了這裡。」「他之後絕對會打電話給律師，說要給您更多的費用來阻止我們簽約。就算是這樣，您還是會接下我的案子嗎？」

偶爾會遇到委託人把圍巾用作頭巾裹覆整張臉，眼神不停東張西望地來找我。這些人通常都會異口同聲表示自己的另一半相當強勢，一定會採取極端的手段阻止委任律師，並且認為就算上了法庭，也會因為另一半太過能言善道，最後只會換來敗訴的結果。每次聽到這種說法，我都會詢問：「對方是什麼豪門之類的嗎？」（這麼說不代表豪門就能理所當然做出這些行為）

實際結果是什麼呢？在法庭上見到的對方當事人，反而大多讓人感覺是精神健康異常或病態的人，而不是看起來多厲害、多有能力的人。基於恐懼自己可能遭受拋棄與蔑視的極端自卑感，以及源於這股自卑感的防禦本能，所以才會不停向對方灌輸自己是多麼偉大的人、離開了生活會多麼可怕。

經過一段時間，在與委託人建立一定程度的信任後，我通常會再重新詢問一次：

「對方真的是那麼了不起的存在嗎？」

大部分的回應是：

「不是……律師也懂吧，是我一直以來都被情緒操縱。」

是啊，他們也清楚這樣的關係並不正常。明明知道，卻依然被持續操縱著。一旦開始被情緒操縱了，想要自主脫離這段關係就會變得無比困難。

無論是對另一半的愛太深，或是基於想要依賴某人的強烈渴望，很多人都會因此看不清對方的性格，就算察覺對方有類似的傾向，也會為了不想破壞彼此的關係而選擇拚命忽視。然而，有個事實是絕對不會改變的——只顧著強迫他人接受自己的想法、當他人的反應不如自己所願時便予以威嚇的人，真的太難改變了。這種人會不斷尋找有可能被自己洗腦的人，利用別人填滿自己生命中的每一段關係，直到建立了專屬於自己的王國後，才能得到精神上的安全感。

真正的問題在於，這種人不只會對另一半情感操縱，也會對子女做出情感操縱的行為。當爸爸或媽媽不停向如同白紙般的孩子們灌輸自己的思想，他們自然就會像海綿一樣全盤吸收。唯有隨著年齡逐漸增長，孩子們才會意識到好像哪裡不太對。

等到子女醒悟自己正在遭受父母其中一方的情感操縱後，絕大多數的他們都會帶著另一方來找我。此時，由子女陪同前來的父親或母親往往都是在全身瑟瑟發抖、不停喝水的狀態下，焦慮地說著：「孩子的爸爸（媽媽）是很可怕的人。要是被發現我們來這裡的話，絕對死路一條。」好不容易才從長年深陷的情緒操縱漩渦脫身的子女，便會立刻用鬱悶的表情吶喊：「爸（媽）！清醒一點！那個人根本沒辦法這麼做，拜託你擺脫這一切吧。」

雖然情緒操縱常見於情侶、夫妻、親子關係之間，但其實也有可能發生在朋友、手足、職場等世上的任何一段關係中。或許有些人會不以為然地認為「心智該有多脆弱才會那樣任人擺布」，或是自信十足地表示「這種事絕對不會發生在我身上」，實際上在不知不覺間成為受害者的情況卻也不在少數。像是因為日漸對職場上司產生依賴的下屬，結果在某個瞬間演變成盲目服從，或是原本只是單純幫助老是嚷嚷著身體不舒服的朋友，卻忽然變成老被使喚的大學生，以及請了經常稱讚自己的後輩一、兩頓飯後，莫名其妙就變成對方錢包的前輩等……

實際進行法律諮商後，那些好不容易才從諸如此類控制脫離的人，通常都會問我「對他人情緒操縱的人會不會得到懲罰？」如果不是像前文提到的三姊妹殺人案件一樣，因為情緒操縱引發特定的犯罪行為的話，單憑長時間對他人施加精神痛苦的事實，基本上很難讓對方被處以刑罰或請求損害賠償。

雖然這點相當令人憤怒，但我們能做的也只有改變自己，然後好好過自己未來的日子而已。我希望，在讀到這段文字後認為自己可能是被情緒操縱的各位，不妨先尋找身心科協助。如果想要將加害者從自己的人生連根拔除，首先得讓自己堅定、獨立地站起來。而且，必須先開始好好檢視與撫慰自己的心踏出第一步。不過，當自己在獨力處理這一切的過程中遭遇困難時，徵詢專業人士的幫助會是更好的選擇。

每次從那些進入諮商室的人眼中，感受到滿滿的恐懼與痛苦、茫然，我的心總會隱隱刺痛著。明明是僅此一次的珍貴人生，卻被自己以外的人事物完全覆蓋，徹徹底底地抹除了自己的痕跡……越想，內心越覺得好憤怒、好難受。

只是，有辦法解決的，終究不是他人，而是自己。哪怕心已經變得多麼疲憊、殘破不堪，也得好好包紮、縫補，讓它變得更加堅毅才行。倘若沒有這麼做的話，就算在接受協助、費盡千辛萬苦之後才擺脫情緒操縱的狀態，依然有可能會被其他覬覦著獵物的加害者捕獲，只因那些人永遠都能像通靈一樣，察覺他們可以在誰的身上發揮自己的影響力。

今天也要下定決心。

我要更愛自己，
我要遠離讓我感覺不舒服的人，
並且給予自己充分的時間與機會思考。
只要能夠做到這些，我們就能保護好自己。

雞毛蒜皮小事的價值

家務非但無法帶來強烈的成就感，沒有「結束」一事更是令人疲憊，也因此才會變得更委屈。

二十五歲那年，我認識了現在的丈夫。不知從何時開始，上課時、騎腳踏車回宿舍時、在客滿的電梯裡，我總能不分時間、空間感覺到有個體型高大的男子在看著我。起初我只是訝異「幹麼一直看我？」當然也有些害怕。直到後來才知道，原來那是因為他喜歡我。

第一次一起去看電影那天，他特地為我準備了要喝的水和蓋毯，有感於他照顧我的心意，我似乎也以極快的速度向他敞開了心。這還不是全部。我們一起去餐廳時，他會替我將泡菜撕成好入口的大小，還會將我的鞋子整齊地擺進鞋櫃。儘管我一開始對這些小小的體貼感到些許壓力，但他似乎也因此給了我像家人般的感覺。因為這些不醒目的小貼心，通常不會出現在不熟的人之間，而是只有家人才會為彼此做的事。

又經過五年左右的時間，我們結婚了。天下果然沒有白吃的午餐。在戀愛時飽嚐（？）的體貼，我必須回以十倍，不，是百倍的代價。也託了這位從起床睜開眼到睡覺的所有行動都會留下痕跡（「咦？他點了部隊鍋來吃吔？」「他邊喝啤酒邊打電動」「他在這裡剪過指甲」「因為找不到網路線，所以翻過客廳的櫃子和電腦抽屜櫃」等等）的丈夫的福，我徹底成為做家事就像呼吸般自然的人。就在結婚幾年後，多虧一切行為都要留下痕跡的丈夫，也讓一名可愛到不行的小傢伙成為了我們的一家人。在我的照顧清單中，從此加入這位只要一碰到水就要把雙手、雙腳泡進去，然後非得灑在地上才罷休的「感官遊戲老大」。一天之中，我至少得整理玩具與把整間房子擦乾淨兩次。

以前過得相當骯髒、邋遢的崔唯娜，自從和他們一起生活後，才發現不知不覺間變成人形吸塵器。只要是我經過的地方，保證會變得一塵不染。從客廳走到主臥房廁所的方式，是沿途撿掉在地上的垃圾、把孩子隨手丟的玩具收進玩具箱、倒掉老公喝一半的碳酸飲料後將容器放進回收桶、將散落的乳液放回原位、擦乾淨廁所鏡子上的牙膏痕跡……就在我去一趟廁所那麼一丁點的時間內！為了減少之後的待辦事項，我不得不將自己經過的每一處都整理得乾乾淨淨。

我變了嗎？變成愛乾淨的人了嗎？完全沒有。零食包裝依然在我車內地上翻滾著，放在杯架上待了一星期的美式咖啡杯裡繁殖著微生物；至於車子，大概已經足足半年沒洗過了。

我本人，一點都沒變。只是在家時、在與家庭成員們的關係之中，我有了全新的角色與義務罷了（或許是被迫一肩扛起也說不定）。雖然我們是雙薪家庭，但比起連晚上與週末都要工作的丈夫來說，家務自然成為稍微沒那麼忙的我的分內事。像這樣每天默默搞定所有分內事，一年之中總會遇上幾次怒火竄湧的時刻。彎著腰來回擦地、把整隻手伸進體型高大的老公每次都直接脫下不翻面的T恤、使勁用手指摳掉孩子邊吃邊掉的一坨坨已經變硬的優格、清洗吸塵器的濾網、整理冰箱、每隔兩天就要清一次嚇人的垃圾山……又有誰知道都是我在做這些事？在沒有任何人看見的時候，我一項接著一項處理好，而且還有預感自己未來的每一天都得繼續做這些事，甚至一輩子。

就在為了工作與家務、育兒累得精疲力竭的某一天，我久違地與未婚的摯友H見面。

成為律師的第一年，一直夢想著獨居生活的我，趕在初次踏入職場的前一天，才急急忙忙地找到住商混合的住所。如同字面的意思，我是在「前一天」才找到這間房子，所以非但沒辦法搬完行李，連家具也是空空如也。儘管我只穿著一身套裝睡在冰冷的地板上，隔天第一次進公司，依然覺得自由、快樂得不得了。不久後，甚至還完成了獨居者的夢想——順利領養了「幼貓」，盡情享受著獨立生活的喜悅。

當時，與我走得很近的人正是H。就在我住的大樓附近與家人同住的H，一星期幾乎會在我家過夜三至五次。由於H當時仍是考生，因此每當我去上班後，她便能獨自在空無一人的房子埋頭苦讀。

或許是因為我們真的很熟吧，每次一見面我都會立刻用「你決定不結婚真的太正確了」之類的話，作為展開各種抱怨的發語詞。

「我已經辛苦上了一天班，累得跟一灘泥一樣下班。結果一回家，到處都是寶特瓶。我要先把它們一個、一個撿起來，放進回收桶，然後再把老公、小孩丟得到處都是的的衣服一件、一件用衣架掛整齊。小孩每一秒都在灑東西，所以我就得邊追著他跑，邊把灑出來的東西擦乾淨……人一旦結了婚啊，不管在家裡還是在外面，通通都會變成工作的地方。不結婚，過著自由、舒服的生活好多了。」

我原本期待聽見H略有同感地對我說一句「真是辛苦了」，結果她呵呵大笑，反而發表了意料之外的言論。

「我和你一起生活的時候，不就是這樣嗎？等你去上班後，我就幫你把丟在梳妝台上的一坨坨衛生紙團拿去丟，然後把裝小菜的容器洗乾淨、晾乾，接著再丟垃圾、鏟貓屎。」

瞬間，我的腦袋嗡嗡作響。為什麼我從來不知道這些事？仔細回想，我在住商混合大樓生活期間，一直都是起床盥洗後，稍微準備一下便立刻出門上班，直到很晚回來就直接睡覺了。既然如此，到底是誰在打掃房子、倒垃圾、撿飄散在浴室各處的頭髮、替換各種消耗品呢？是H！

當時，我甚至連一個人住每天理應要做這些事都不知道。那時的我都已經快三十歲了，竟然連這些事都還不懂，真的太……原來是媽媽替我收拾數十年來的殘局，接著又在離家獨立生活後由H幫我做了這麼多事；原來為了讓像我一樣的人好好吃飯、睡覺、存在，有人一直默默不著痕跡地重複做著一樣的事。為什麼我完全不知道？

與H越聊越顯得自己無知的我，衝擊的程度也逐漸強化。當我驚呼著「我哪有？什麼時候？我嗎？我有那樣說過？」一想到在家裡也有人和我一樣的反應時，唉，不禁噗哧一笑。

當我仍是二十多歲的律師時期，每次聽見委託人說「因為對方牙膏用完沒有蓋蓋子，所以我就爆發了」「因為對方襪子沒有翻回正面，所以大吵一架」之類的故事時，內心總會浮現這樣的想法：

「為什麼會為了這種小事吵架？再把牙膏的蓋子蓋上不就好了？重新把襪子翻回來就好了啊？難道愛一個人，連這點事都做不到嗎？」

不值一提的自以為是。我和別人不一樣，不是為了一點瑣事就要吵架的人。

然而，從我也替別人收拾了將近十年殘局這點看來，其實也會發現在老公出差時，默默萌生了「最好可以過夜再回來」的念頭；或是把孩子託付給婆家照顧一天時，自己的內心忽然有種嚼咬著薄荷糖般的沁涼、舒暢感。於是，就這樣到了某一天，一直壓抑著的憤怒才以相當極端的方式瞬間爆發。

「拜託你把垃圾丟在垃圾桶啦！煩死了！」

被我尖銳的用詞嚇到的老公，回了句「有必要那樣說話嗎？」然後也開始生氣。看著他的反應，我更是怒火中燒。就在結束了一來一往傷害彼此的話語之後，我委屈落淚，並開始細數著自己一直以來有多麼辛苦。

「我真的不知道。我真的……唯娜，對不起，你應該早點說啊……」

早點說。

一口氣說完所有想說的話後，我感到無比的自由，並且大大地恥笑了那個曾說過「難道愛一個人，連這點事都做不到嗎？」「何必為了這點雞毛蒜皮小事吵架？」的二十多歲的我。雖說為了「家人」連性命都在所不惜，但……我再也不要幫你撿垃圾了。

如果有人讀到這裡覺得鼻酸哽咽的話，請容我拍拍各位的背。家務非但無法帶來強烈的成就感，沒有「結束」一事更是令人疲憊，也因此才會變得更委屈（我的故事越說越長的原因全都是因為這個）。在前來訴請離婚的委託人之中，甚至可以說多數都是因家務引起的紛爭，點燃了決心離婚的契機（有個有趣的現象是，在離婚事由中提到家務問題的比例，以五十至六十多歲的女性占壓倒性多數，四十多歲的女性則是偏多數；至於二十至三十多歲，則是男女差不多）。

即使我們隨時都做好爲自己所愛的人犧牲，

卻不意謂著這一切的犧牲，

可以變質爲讓日常從此失去光芒的勞動。

因此，我們必須經常記得，有人為了你不停做著這些沒有終點的雞毛蒜皮小事的價值，並且要時刻對此表達感激之情。

雖然我花了很多篇幅談論關於家務的事，但豈止這些呢？每次朋友聚會時，總有些朋友會替大家找地點與訂位、聯繫。這一切看起來或許理所當然，但仔細想一想，事實上並不然——因為他們必須特地付出自己的時間與能量才能完成這些事。無論是在公司默默整理好公共空間的人、或是替前往保健室的同學整理告知功課與注意事項的人，皆是如此。

與強制在背後（！）照顧著我獨居生活的H聊完後，才讓我不禁開始思考，或許我的丈夫，甚至我年幼的兒子也都默默地在我未曾察覺的地方，以其他形式付出他們的體貼與犧牲。因此，如此不完美的我才得以順順利利地過日子。不，不只我的丈夫與兒子，我深深地體悟到，自己之所以有辦法走到今時今日，其實都是因為有很多人在不知不覺間照顧著我。

那些做了也不起眼的瑣事、任何人都做得到但沒人願意挺身去做便無法完成的事……正因為有人承擔了這一切，才讓所有的關係、日常得以安然無恙前行。

不是偷情是外遇

「世界上哪有不這麼做的男人／女人」這句話，卻是因外遇而收到離婚起訴狀的被告最常提出的抗辯。

這是發生在數年前的事。夫妻倆都外遇了。儘管雙方都承認是自己犯下的錯，也同意離婚，但因為對扶養權存在爭議，所以還是走到了訴訟這一步。

我的委託人案件是在確認另一半外遇後，最後在盛怒之下與自己多年的好朋友發生不倫關係的故事。如同電視劇《夫婦的世界》中，當發現另一半外遇後一心想著復仇的女主角，隨即與平常不斷向自己示好的朋友發生一夜情的情節播映時，我立刻想起了這個案件。不是只有電視劇才會出現「為了復仇而名正言順外遇」的故事，這也是現實世界極為常見的事。

當夫妻都外遇時，法律上會判定雙方造成婚姻破裂的責任相等。然而，在某些夫妻已經完全分開且關係破裂的情況下，其中一方與異性的交往則不會被視為外遇（聽完雙方的主張後，法院會審慎檢視證據與情況後做出決定）。依據這項法律原則，我們於第一次調解期日出席，即主張「由於對方發生外遇在先，因此我方是在婚姻破裂的狀態下發生外遇」。

出席前，我們預測對方應該會使用以下主張回應。

「反正雙方都有過一次外遇，那彼此的精神慰撫金就當作沒這回事了，談一談撫養權和財產分配就好。」

如果用常理思考的話，除了這種話以外，還能說些什麼？然而，在調解期日聽見超乎常理的話往往才是家常便飯。任何預測都是言之過早。

我的委託人另一半沒有律師陪同出席，他聽完我們的主張後，字字鏗鏘地說道：

「法官大人，我的確是外遇了，但對方是偷情，所以我理應得到精神慰撫金。」

太過創新（？）的發言，反而激發了我的好奇。原本一切都在掌握之中且無比乏味的調解室，氣氛開始變得不一樣了。不知所措的調解委員們的雙眼無處可去，只能與我對望著。

「外遇和偷情到底有什麼不一樣？」

經過片刻的沉默，其中一位調解委員開口了。緊接著，創新的答案又再次出現。

「我可能是一時失誤才外『遇』，但對方是在知道我外遇後才故意『偷』情，顯然是犯了更大的錯誤。」

這是在探討法律上故意犯與過失犯的差異嗎？當下，我真的差點為對方的辯論能力感到讚嘆。

儘管對方的從容態度，在完全沒辦法發出笑聲的空間裡，寫下了成功讓所有人爆笑的紀錄，但僅此而已。對方的主張遭到忽視，並且在沒有精神慰撫金的狀況下，協議了扶養權與財產分配的部分後，便讓兩人的關係圓滿落幕。

我再次感受到，法院真的是個能讓世上形形色色的價值觀現身之處。

另一個案件的調解期日。我以原告妻子代理人的身分與她一起出席調解，而被告一丈夫、被告二情婦則是在沒有代理人（律師）陪同下出席。當時是原告於自己懷孕期間確認丈夫外遇的事實後，便帶著即將臨盆的身體離開，並在娘家生下孩子度過大約百日的時間。

由於被告委任代理人是較常見的情況，因此看到兩名被告都沒有律師陪同時，我不禁感到有些疑惑。

「請問兩位為什麼沒有委任律師？」

大概也對此十分好奇的調解委員們率先提出疑問。此時，被告一平心靜氣地說：

「因為我覺得，由我自己解釋和說服妻子比較好。」

被告二則是一語不發地深深低著頭。幾乎等到調解程序開始約一小時後，才終於看到她的長相。

相較於似乎已經放下一切的被告二，被告一的雙眼好像準備了很多話要說，忙碌地轉動、眨動著。調解委員大概也察覺到這股氣息，於是先向被告一提問。

「原告希望以被告的外遇為由申請離婚，請問您是否同意離婚？」

看起來像是一直等著這一刻到來的被告一，用著充滿自信的語氣答道：

「不同意，我絕對不離婚。」

彷彿本人握有什麼處理權限般的態度。

早在踏進調解室門口與被告一四目相交的瞬間，我就有預感「這個人今天不打算離婚」，所以對這個回答並不驚訝，只是有點好奇他的理由究竟是什麼。

「是因為慰撫金的請求金額太高嗎？或是對原告還有留戀？」

面對我提出的問題，他的答案又再次超越了我的預測。

「整個韓國哪有一次都沒有外遇過的男人？如果為了這種事離婚的話，世界上大概就沒有夫妻不離婚了吧？這裡剛好也有男性委員嘛，您認為我有說錯嗎？」

被問到尷尬問題的男性委員不假思索地回答：

「整個韓國，包括我在內，還有非常多，一次都沒有外遇過的男人。另外，由於外遇是合法的離婚事由，因此就算本人不同意，單憑現有的證據，離婚也能成立。」

委員醞釀了片刻後，接著說道：

「還有，使用這種方式汙衊整個韓國的男人，聽起來令人相當不舒服。」

有別於言詞辯論期日，調解期日的目的不是與對方爭論，而是準備彼此的協議書，因此律師大多惜字如金。在我好不容易才壓抑住「轟」一聲竄升的怒火時，恰巧聽見男性委員沉穩地說出這一席話，感覺就像是有一股清澈的汽水在整個身體蔓延開來似的。酥酥麻麻……不是那種強烈刺激的汽水，而是稍微平淡些的天然氣泡水。

或許各位會想「世上真的有人會說出那種話嗎？」但是「世界上哪有不這麼做的男人／女人」這句話，卻是因外遇而收到離婚起訴狀的被告最常提出的抗辯。往往將問題歸咎於，為了任何人都會發生的「平常事」造成家庭破碎的對方，而非犯下不倫行為的自身。明明自己才是做出這些行為的人，反倒埋怨起對方了。

二十多歲的我，在法庭遇到這些人時總會火冒三丈，但現在反而為他們感到遺憾。說出那種話的人，十之八九都是極度渴望不要離婚，畢竟就法律上來說，那種話已經是最低劣的手段了；因為這等於昭告全天下的人：自己是個犯了錯的配偶。也是啦，如果懂得盤算的話，打從一開始就不可能說得出那種話。雖然再怎麼說也不可能改變這些人的想法，但我仍然很想在此說一句自己當時拚命忍住沒說的話——

不那麼做的男人，不那麼做的女人，多得很。

寬恕我們所知的痛苦

同理，可以讓我們變得更親近，也可以讓我們變得更疏遠。

我從某位在公司上班的朋友口中聽見了許多有趣的故事。這位朋友在第一次到職的公司裡，遇見了所謂「顧人怨」的組長。交上去的報告連看也沒看就揉掉了、根本沒有會議卻老是出外勤，然後直接從外面下班……明明自己敷衍了事，卻把所有工作都推給組員、壓榨組員的最惡劣上司。光是想到「假如我遇到這種上司的話？」便已覺眼前一片昏黑。

「你知道最好笑的是什麼嗎？父母，是這個人唯一願意高抬貴手的事情，其他事一概不准。就算你因為生病不能上班，他也會要你出來；就算你因為小孩的事，問他能不能早一點下班，也絕對沒得通融。可是，只要是父母有點不舒服呢？他就會硬推著你快點回家照顧父母、帶父母去醫院看看。」

這位組長到底為什麼會這樣呢？據說，他一直都在照顧身體不適的父母。大概也是因為父母經常生病，所以他不在公司的頻率才會那麼高。

這個原因固然不是在合理化組長無能與不認真的態度。只是，我從這個故事領悟到一點：人的同理能力很難超越自己實際經歷的範圍。換句話說，我們同樣也太過容易同理自己經歷過的事或情緒了。

生完孩子的媽媽，通常會住進「月子中心」調養身體。一住進月子中心，媽媽們就會成為月子中心同梯（又稱月同），即使日後離開月子中心，這群人依然會保持聯繫，彼此間也會暢談相當私密的事。起初，我以為這些都與我無關。

「現有的朋友已經夠了，有必要再多認識新朋友嗎？對於靠說話維生的我來說，何必再特地去需要舒服休養的地方和陌生人聊東聊西呢？也太累了吧……」

怎麼想都覺得壓力好大。實際入住的第一天，則是因為身體實在太疲憊了，所以連開口說句話的力氣都沒有。

獨自靜養了一陣子，直到準備退房的幾天前，才有兩位媽媽在我用餐時過來向我搭話。當時身體已經感覺舒服些的我，與她們簡單地說了幾句後，才恍然大悟「啊！原來這就是月同！」一股強烈的親密感也隨之襲來。後來，我在月子中心的時間，也都是與她們倆聊得停不下來。

這一切結束了嗎？也太客氣了吧。如今我們三人已離開月子中心數年，依然每天無時無刻不在群組裡聊天，偶爾一起吃個飯，分享育兒甘苦談，成為了無法缺少彼此慰藉的摯友關係。即便對彼此一無所知，但單憑在相同時期一起經歷過「生育」這件人生大事，都足以成為如此喜歡彼此的原因，這件事至今仍使我感到驚訝。對男人來說，當兵時期的同梯大概也是這種感覺吧？

實際諮商後，才發現不少人都傾向使用「同理」來作為解釋外遇的理由。厭倦職場生活時，對著有別於自己的另一半，同理了解自己處境的同事產生好感；因獨力育兒而感到憂鬱時，卻在不知不覺間，被唯一能夠明白這份痛苦的鄰居吸引；協力負責重要企劃時，與同甘共苦的同事一起出差後，內心瞬間感到動搖；懷孕後待在家中時，因為丈夫太過忙碌而找不到人可以分享日常，卻在網路聊天的過程中愛上了素未謀面的網友……雖然情況五花八門，但他們的故事卻完全相同。

「只有那個人才懂我的心。」

在我們經歷過的事中，對於自己「熟悉的痛苦」尤能顯見強烈的同理能力。據說，當面對與自己經歷過相同痛苦的人時，人會陷入理性麻痺的狀態並投入深刻的情感，無論對方犯下何種錯誤都會寬容地接受一切。

相反，有時也會因為對方無法同理自己所經歷的痛苦，破壞了向來重視的關係，這也是另一個常見的離婚原因。例如獨自照顧著婆婆的全職主婦，從婆婆口中聽見了侮辱自己人格的話語，終於向丈夫提起這件事，卻得到丈夫回應「這件事沒這麼難受吧？左耳進右耳出就好了啊」。對此飽受衝擊的她，於是找上了我；也曾有丈夫在外工作賺錢超過十年，卻因升職不順而離職，最後受不了妻子不經意一句「其他男人都是年紀越大越有成就」而決心離婚的案例；在雙薪家庭中，為了孩子連一次公司聚餐都無法出席的妻子，因為忍受不了丈夫每天的「我今天喝一杯再回家」，最後決定離開對方。理應同理支持自己的另一半，卻比其他人還不懂自己的痛苦之際，往往就是終結關係的起點。

當然也有不少人是到了兩人關係瀕臨破裂的邊緣，才忽然戲劇化地找到了「熟悉的痛苦」並得到同理，進而順利修復彼此間的關係。實際上，我也見過在申請離婚的過程中，妻子因為父親離世，從父母早逝的丈夫口中一句「我比任何人都了解這種心情」得到撫慰，並在丈夫挺身盡心盡力處理好喪禮後，撤回離婚訴訟的案例。類似的案例實在太多，就不在此逐一列舉了。

同理，可以讓我們變得更親近，也可以讓我們變得更疏遠。偶爾也會出現一直以同理能力撫慰所有人的人，但當這種人的身心沒有餘力時，其實與你我並無不同。

既然如此，難道我們就只有辦法和擁有類似經歷、體會過類似痛苦的人好好相處嗎？難道與任何人開始交往、決定結婚，還得一一深究這些部分嗎？

如果以我從旁靜觀過數千對夫妻離合的立場而言，這件事的意義似乎沒有那麼大。就算和曾經歷過相同痛苦的人們交往，也無從預測我們的人生會再遭遇哪些新的痛苦。一起分享人生必須面對的無數痛苦，確實是長久維持一段關係的基本，但同理能力如此不足的你我，究竟該怎麼做才不會讓彼此失望呢？

第一，需要同理時，必須如實表達。

單憑一句「我好累」就能立刻跑過來給予擁抱與安慰的人，世上其實不多。然而，我們卻經常對另一半抱持這樣的期望。我們必須記住一點：他們和一般人沒什麼不同。如果需要得到同理，不妨試著向對方充分說明自己的情況，以及具體分享自己的情緒與將來的計畫等等。

許多人根本連自己的境況也不曾如實說明，
卻只會緊閉自己的心扉，
一味責怪對方缺乏同理能力。

這種類型在六十多歲的男性中尤其常見。即使他們為了家人在外奮鬥數十年，秉持著愛家人的心在職場生活苦撐打拚，一回到家卻連一句「我今天好累」也說不出口，只是一如往常地「習慣逞強」。他們認為，與其說出自己很累，倒不如藉由發脾氣來掩飾自己被壓得喘不過氣的情緒。直到收到來自六、七十歲的另一半的離婚起訴狀，才發現有這麼多人訴苦，說出「老婆從來不曾同理過我的犧牲，只是把我當成賺錢工具而已」。每次與這些人對話時，我都覺得很心痛。心平氣和地、適當地表達自己的心情，原來這麼難。

第二，讓對方確信彼此正在朝著相同目標邁進。

儘管當下彼此扮演的角色存在許多差異，一起相處的時間又極少，甚至置身於職場同事、鄰居、朋友們似乎還更明白自己心情的境況，也務必仔細回想一下，你們究竟是為了什麼而拚命努力著。樂意為了幸福的未來而犧牲現在的人並不多。大部分的人都是一時大意、無可奈何才忽略了彼此，因此哪怕只是每隔幾天一次，也要想一想兩人攜手前行的原因，一起檢視人生的導航，自然就不會那麼容易失去方向。

第三，即便是自己不明白的痛苦，也要努力嘗試同理。這是難度最高的課題。花點時間去問一問對方為什麼難受、該如何給予協助。光在內心擔憂，想著「假裝不知道，自然就會過去吧」，絕對是一大失策。儘管對方的心情有可能會隨著時間流逝變好，卻沒有任何人知道，那樣子好起來的對方是否依然會留在自己身邊。

沒有發生任何事卻結束關係的原因

明確地詢問對方想要什麼，而不是由自己的觀點去推測。

「明明沒有發生任何事，我老公卻突然說要離婚」「我們一直都和平相處啊，但老婆突然離家出走了」。

有些人會在根本不知道對方為什麼突然那樣、搞不懂自己到底犯下什麼大錯的狀態下，收到了「關係結束」的通知。他們茫然失措、憤怒、難受的程度，不亞於那些另一半遭逢意外驟然離世後被獨留下來的人。沒有什麼比不知道原因的離別來得更難接受的事了。

在上門找我的人之中，大約有一半是背負著足以被稱為「案件」的境況而來，像是另一半的外遇、暴力行為、破產、因賭博散盡家產等等。然而剩下的另一半，則是即使手上握著「起訴狀」的法律文件，卻依然不清楚自己究竟為什麼要經歷這些，無法接受這一切的人。

無論一起同甘共苦、幸福、病痛了多久的歲月，真實了解彼此，始終猶如發現新行星一樣困難。因此，越是感受自己刻骨銘心的痛苦，越是無法看清對方的創傷。更令人驚訝的是，許多人都得等到訴訟時，看見記錄對方立場的法律文件，或是在冰冷的法庭裡聽完對方痛不欲生的故事後，才第一次發現那些傷痕的紋路。

每當我述說諸如此類的故事時，總有人會對此感到荒謬、生氣。

「傷害別人的人根本不知道自己傷害了人。太壞了吧？委屈的只有被傷害的人而已。」

現實情況又是如何呢？直到我見過那麼多人，才知道原來真的有很多人根本不知道自己傷害了別人。就像同一句話會讓人感覺受傷，但也有人不會感覺受傷這點來看，可能會因自己內在某些脆弱的部分，在聽見對方的話語時，特別容易留下痕跡，進而形成傷痕；換句話說，並不能用「傷害別人的就是邪惡的加害者，受傷的就是委屈的受害者」的二分法，概括解釋所有情況。

有一對新婚夫妻，妻子大約晚上六點下班，丈夫則是會在晚上八點左右下班。妻子煩惱著是不是能為丈夫多做些什麼，畢竟自己早對方兩個小時下班。於是，她打算趁這個空檔親手準備一桌美味的晚餐取悅丈夫。而丈夫同樣在煩惱著該為妻子多做些什麼才好，為了不讓妻子下班後太勞累，他決定買些美食回家。結果，精疲力竭的妻子特意下廚，同時丈夫也拖著疲憊的身軀特地前往餐廳排隊外帶美食回家，這樣的情況一而再地反覆上演。

為對方著想的心意越強烈，越容易敏感在意對方的表情與反應。掛慮丈夫健康而精心準備了滿桌食物的妻子，對每天買外帶回來的丈夫有些不悅。丈夫不僅無法理解妻子，自己明明想盡辦法不要妻子辛勞才特地買外帶回家，她卻依然堅持每天親自下廚，他也對於必須解決洗碗與廚餘問題感到麻煩。兩人就這麼過了一年。

第一個結婚紀念日到了。為了迎接結婚紀念日，妻子特地花了三小時準備從未嘗試過的法國料理。

「只要老公像我們談戀愛的時候一樣帶束花回來，我就可以興高采烈地用這桌美食迎接他。看到我精心準備的餐點，不知道他會有多感動？」

另一方面，丈夫則是因為結婚紀念日找了間更為出名的餐廳，聽說必須排隊整整一小時。他心想著今天是特殊的日子，就算要等一小時也沒關係，所以雖然有點累，但還是等了一小時。最後，他又帶著外帶食物去了趟花店，不過時間太晚了，所有的花店都已經打烊。無可奈何的他，只帶著外帶食物返家。

「雖然沒有花，但老婆看到這麼棒的食物也一定會超級開心吧？」

丈夫一見到妻子，便滔滔不絕地說著自己帶回來的食物是在多麼有名的餐廳買的，排隊的隊伍有多麼長。咦？老婆的表情不太對。

他將從餐廳買回來的食物放在妻子準備的滿桌料理旁，然後開始吃晚餐。夫妻倆直到晚上十一點才在尷尬的氛圍中結束用餐，幾乎同時對彼此一點也不幸福的模樣感到失望。

漫長的沉默後，丈夫先一步開口。

「剛剛的食物怎麼樣？」

猶如按下憤怒的開關，妻子忽然開始大聲咆哮。

「你眼裡完全沒有我花了三小時準備的料理，只有你買回來自己想吃的食物才更重要，不是嗎？今天是結婚紀念日吔，但你到晚上十點才回來就算了，竟然連一朵花也沒有？」

丈夫對於妻子選在自己準備生氣的時機搶先發脾氣感到無言。

「我當然是為了買給你吃啊，你以為是我自己要吃才買的嗎？外面天氣這麼冷，我足足排了一小時才買到的，你怎麼連一點感謝都不懂？有人叫你做菜嗎？明明是你自己想上傳照片到社群網站，反過頭來對我發什麼脾氣！」

當晚，這對夫妻展開了一場惡毒的唇槍舌戰。話題最終導向了責備對方究竟有多麼自私。向對方發表完長篇大論的兩人，從此開始了分房生活。

在這對夫妻之中，誰錯了？答案是誰也沒錯。兩人都是秉持為對方著想的心，使用自己的方式表達而已，只是對方卻完全沒有察覺這點罷了。

儘管誰也沒錯，但彼此間的關係勢必會出現一定程度的惡化。除非其中一方犯下明顯的錯誤，否則像這樣的關係大多就會繼續以類似的模式變糟，最後走向終點。在以自己的方式解讀對方行為的過程中，逐漸累積誤會，一旦誤會堆得太高而在某個瞬間崩塌，唯有走上終結一途。本來只是解釋得不夠清楚、解釋的時機稍微晚了點而已……

所謂的「關係」，具有不付出努力、放任便會自然消失的習性。

因此，若想維持一段重視的關係，則需要傾注無限的努力。

最重要的是，明確地詢問對方想要什麼，而不是由自己的觀點去推測。假如情況不允許這麼做，留心觀察對方如何照顧他人，並試著按照相同方式實行或許會是個不錯的方法。

我從擔任教授的朋友口中聽過一個故事。有天，這名教授最看重的研究生突然決定離開研究室。教授一直以來都不停向這位學生表達對其未來的展望，並且從不吝於提供調整研究大方向的建議。對於自己傾注心力指導的學生做出這個決定感到詫異的教授，轉而向其他學生詢問這名同學離開研究室的原因。其他學生小心翼翼地說出了答案——

「他說，教授給的指導都太抽象了，這不是他想要的東西。詳細指導如何實際研究才是他需要的。」

至此，教授更是震驚。他這才意識到原來自己想要教給學生的東西，根本與學生的期望不符。雖然晚了些，教授還是選擇向這名學生坦承自己的想法，並且告訴對方「怎麼不早點提出自己覺得辛苦的部分呢？」「我們再一起努力看看吧！」清楚教授平時有多疼惜自己的學生，在深思熟慮之後，也決定改變心意繼續留在研究室。

讓我們一起回到先前提及的那對新婚夫妻的故事。哪怕一次也好，假如丈夫願意為妻子親手準備她喜歡的料理，情況會是如何？假如妻子願意與丈夫一起享受他從餐廳外帶回來的食物，情況會是如何？假如兩人可以明確地讓對方知道「我為什麼要做菜？」「我為什麼要去餐廳外帶餐點？」情況又會是如何？或許他們的關係會發展得比想像中來得更精彩、更完整吧。

遺憾的是，我們大多都得等到失去自己重視的關係一段時間後，才會逐漸察覺究竟問題何在。「珍惜眼前人」這句話，所言非虛。

等等，光是這一句話都可能會出現因人而異的解釋，所以我想補充說明一下。這裡說的「珍惜」，指的不只是好聲好氣、單方面的犧牲，而是試著好好「理解」與體諒對方。

為什麼事到如今vs.我根本從來不知道

細膩觀察對方的心並且為彼此的關係努力，卻也是任何人都該公平承擔的義務。

韓國詩人鄭玄宗在其詩作〈訪客〉中，將一個人的到來，比喻成對方帶著自己的故事進入生命。偶爾在工作上感覺懷疑、疲憊時，我都會讀一讀這首詩來穩定自己的心。

那天，我便是像這樣收拾好自己的心緒，坐在位子上。看了看行事曆，才發現下午兩點、三點各有一位預約諮商的客人。

「律師，預約兩點的客人到了。」

一位四十多歲的女士走了進來。現在只要瞥一眼委託人打開門進入諮商室的表情，就能猜到這個人的離別進度百分比。從她快速的腳步、急促的呼吸頻率，以及充滿不安的雙眼，我默默在心裡算著這位的「離別指數」應該進行到百分之二十左右（「離別指數」一詞，是我創造來指稱「完全從心裡送走對方的過程百分比」）。

諮商內容是婆媳問題。與婆婆同住的她，因為婆媳問題太過嚴重，所以根本沒有辦法與對方繼續生活在同一個空間。雖然她對丈夫沒有特別的怨恨，但只要一想到婆婆就會浮現離婚念頭，因此才來諮詢離婚的可行性。然而，我從這位客人滿是焦慮的眼神之中，聽見了她正在對我吶喊著「拜託回答我『應該要解決的是婆媳問題啊，直接離婚會不會太衝動了呢？』」她哭了好一陣子後，才關上我的辦公室門離去。我與一個人的人生擦身而過。

「律師，預約三點的客人到了。」

這次，是一位三十多歲的女士。她帶著自己的妹妹前來，打扮得相當美麗。感覺像是結束諮商後要去哪裡玩一樣。神情平靜的她，眼神裡沒有絲毫的不安。這位的離別指數看起來大約是百分之九十。聽完故事後，才知道她因為顧慮孩子，在五年前丈夫發生第一次外遇，決定相信對方立下的承諾並選擇寬恕。只是，兩年前又重複發生了一樣的事。當時，丈夫甚至帶著情婦來請求她原諒，因此她再次選擇了放過對方。直到一個月前，當她親眼目睹丈夫的第三次外遇，兩人激烈地大吵一架，雖然已經談好離婚與扶養權的問題，雙方卻因為財產的部分各持己見，為了打官司解決，她才會找上我。

當我問起「為什麼您看起來這麼平靜？」她說「第一次發生這種事的時候，我確實想過『是不是我也有做得不好的地方？』但當同樣的事一而再地發生，那股沒來由的愧疚感已經被洗刷得一乾二淨，而且在意識到根本無力再多做些什麼時，反而還有種安心的感覺。」這位是真的只剩下「文件跑流程」而已。或許內心深處不可能沒有留下傷痕，但至少她顯然已經整理好對丈夫的情感，絲毫沒有半點留戀。

我認為，如果讓對另一方的憤怒與怨恨，持續支配自己的頭腦與內心，意味著尚未做好離別的準備。在我很久以前喜歡看的電視劇《我叫金三順》中，主角金三順曾在失戀後說過「真希望我的心臟可以麻痺」。我記得，當時聽見這句台詞之後哭了好幾次。感受到還沒準備好將對方從自己內心送走的三順，實在太可憐了。

像三順一樣還沒有整理好內心固然悲傷，但對方與自己的心之間存在的離別指數差異，才是更讓人心痛的部分。

「法院」這個地方，其實並不像電視劇一樣，是律師會站起來激昂辯論、旁聽群眾會熱淚盈眶、法官會因為律師的三寸不爛之舌而敞開心扉，做出懲惡勸善的判決之處。完全不是。光是透過書面資料來進行訴訟（稱為「辯論期日」）這點，便與電視劇裡演的截然不同。至於「調解期日」，則是可以想成將夫妻吵架的舞台，從「小小的主臥室」搬到「有觀眾的大法庭」。隔壁的調解室會傳來一來一往的吵嚷聲、法院的走廊會充斥數個家庭的痛哭失聲，並且伴隨著孩子們此起彼落的哭喊。

故事發生在數年前出席的調解期日。這天的調解室，同樣迴盪著哭聲。我的委託人與丈夫戀愛三年、結婚五年後，才對丈夫徹底死心，並在分居一年後找上了我。由於分居超過一年以上的她與丈夫完全沒有聯繫，因此雙方根本無法協議，最後才會拜託我提起離婚訴訟。委託人表示，只要我們這邊送出起訴狀，丈夫鐵定就會二話不說答應離婚。然而大多數的實際情況，有別於委託人預想的乾淨收尾，對方會表現出完全不同的反應。這次也不例外，過沒多久便立刻收到寫著「我絕對不離婚。現在的狀況實在太荒謬，我必須捍衛自己的家庭」的答辯狀。

經歷兩小時的調解，我的委託人聲淚俱下地控訴：

「既然沒有小孩，求求各位快點讓我離婚。我和那個人生活在一起的每一分、每一秒都像在地獄一樣。拜託……」

一字一句都在丈夫的身上烙下了傷痕。他低著頭全身顫抖，彷彿血液瞬間凍結般痛不欲生。

不想分開的人與哀求放手的人，從旁看著他們的關係，著實令人難受。我嘆了口氣，好不容易才掩飾好自己的情緒熬過那段時間。

其實，類似的案件相當多。不想要離婚的對方，苦苦懇求法院讓雙方進行夫妻諮商程序，而對方的律師則是以哀切的眼神向我傳達「拜託幫忙說服一下你的委託人，讓他們試著重新開始」的無聲訊息。

令人驚訝的是，在類似的案件中，傾向想要離婚的委託人的反應通通如出一轍，百分之百都會說出「事到如今！」這句話。明明在婚後試過好幾次先向對方提出建議一起去接受婚姻諮商，對方卻始終不願意；就算主動想要對話，對方每次也都以忙碌作為拒絕的理由。即使在調解過程中指出這個事實，對方通常也會說：

「我根本不知道我們的關係已經惡劣到這種程度了，我一直以為當下沒有任何問題啊。」

兩個人認知到關係開始破裂的時間點，差異大到令人驚訝。往往都是一方認為這段關係繼續下去會完蛋，所以才會付出努力，而另一方則是輕忽對方說的話，甚至發脾氣、無視。然而，隨著時間一久，這段關係確實就像應驗了先提出問題者的預言，開始慢慢消逝，而錯過時機的一方一味主張維持關係，直到最後才醒悟，原來再怎麼努力也無法挽回關係後才願意放棄。大部分的離別都是這樣發展的。

當提出彼此的關係面臨嚴重的問題時，選擇忽視這一切的人，大致可以分為三種類型。

第一種，真的不知道。這種人屬於感覺情緒比較遲鈍的類型，所以也完全無法同理對方的心情。因此，認為沒什麼問題的他們，自然聽不進對方說的話。

第二種，恐懼。即便本人清楚哪裡出錯了，但因為害怕將這些事攤開來討論，只會讓彼此間的關係更加惡化，結果選擇了迴避溝通，糊裡糊塗地以為一切情況都會如流水般自然過去。這種人屬於因過度軟弱而破壞關係的類型。

第三種，嫌麻煩。這種人的想法是「謀生餬口已經夠忙了，為什麼還要這樣執著一句話，處處為難我呢？」基本上，他們覺得人際關係本身就是個麻煩。

結果，這三種類型的人最後都要到了法院，才在初次見面的人們面前，死命地拽著一段關係的邊角，為了不讓自己被放手而哀求、再哀求。只是，另一半早已受夠了他們，因為感覺自己一直遭受忽視、排斥、被當作透明人才會逐漸關起心房，所以絕對不可能重新敞開那道門。只因不想再次經歷在關起心門前，以淚洗面、苦苦乞求對方與自己對話的那段時光。

對於這些人向我坦露的一道道傷痛，我比任何人都深有同感。因此，當我從委託人的眼神與話語間，感受到他們對另一半沒有絲毫留戀，我絕對會盡自己所能協助他們離婚。

像是「不離婚比較好」「先提離婚的人都是一時衝動」等帶有偏見的觀念，對我完全行不通。我想做的，只是盡快讓一個人好好呼吸而已。離別指數相差甚遠固然遺憾，但細膩觀察對方的心並且為彼此的關係努力，卻也是任何人都該公平承擔的義務。

第二章

如果我們使用相同的語言溝通

一萬小時定律

為了延長感情的有效期限，一點一滴的努力不可或缺。

那是個前往訴訟途中得用雨刷刷去落雨的日子。假如一個人洗不掉的創傷也能像這樣俐落地刷去，該有多好呢？就在我沉浸於各式各樣的思緒，收音機忽然傳來耳熟的音樂。我在哪裡聽過這首音樂呢？啊，對了！是我與丈夫戀愛百日的那天，他播給我聽的音樂。

「今天要見的那對夫妻，想必也曾經擁有過這種珍貴的回憶吧……」自言自語在不經意間脫口而出。我的委託人在經歷戀愛長跑後結婚，一直以來都過著比任何人都幸福的生活，但她卻在懷孕後感覺到丈夫的態度出現明顯的轉變，所以決定離婚。愛情究竟為什麼總會隨著時間流逝變質呢?為什麼怨恨會占據原本充滿愛的空間呢?曾經那個連最私密的話題都可以毫不猶豫分享、在絕望時能夠不假思索依賴的那個人,到底去了哪裡?

在聽過許多人的故事後,似乎只要兩人所處的情況改變,就會出現「愛情變質」的感覺。兩個人向來沒有什麼爭吵,一路和平戀愛到走入婚姻,卻在婚後面對「第一個節日應該先前往哪一方父母家」時,才第一次大吵大鬧,這樣的故事實在太常見了。一直維持相敬如賓關係的夫妻,卻隨著丈夫退休後相處的時間變長,導致口角不斷,最後選擇銀髮離婚的情況也不在少數。

何止是夫妻?相親相愛的兄弟在各組家庭後,為了誰要照顧臥病的父母,使得關係急速惡化;關係親近的朋友也會因為其中一方找到好工作,而另一方卻面臨就業失敗的問題,從此漸行漸遠。

曾經刻骨銘心的愛,也會隨著情況的不同,
一次又一次地變成了厭惡、埋怨、倦怠。
是啊,我們都該記住這件事:

改變的不是「人」，而是「情況」。

只要每次面臨非吵架不可的局面，一心想著「對方變了」，離別自然很快就會找上門。無論身處於任何關係之中，新的情況只會持續發生。舉例來說，婚後的懷孕、生產、兩家間的關係協調、經濟困難、子女教育、事業失敗等，皆是可預見的難題。

我曾經聽過「一萬小時定律」：必須付出一萬小時的訓練，才能在自己投身的領域成為專家。假設一天訓練三小時的話，大概需要十年左右才能達成一萬小時。

我個人相當堅信這個定律，並且認為它尤其適用於「關係」，意即必須投資一萬小時去好好認識一個人，才能鞏固彼此間的關係。再加上，如果這個對象是得從「沒有任何血緣關係的陌生人」變成「共度一生的伴侶」，更是不必再多解釋了。

既然如此，我們需要在一萬小時內付出什麼努力？第一步，認真了解對方。

我們從不吝投入時間啟發技術或能力，卻好像從來沒有想過應該為了自己人生的伴侶好好學習。如果想要與對方建立一段美好的關係，需要了解其性格、與自己合適和衝突的點、吵架方式、面對壓力的反應、療癒傷痛的方法、喜好、興趣等多得難以數計的面向。儘管如此，我們對於「學習了解一個人」始終存在某種微妙的抗拒感。難道是因為我們始終相信，從命中註定的相遇到互許終生的關係，才是所謂的真愛嗎？只是，越是持續這樣的關係，越需要付出驚人的學費。

讀懂他人的情緒，並且以美妙的語言滿足對方的期待，在某種程度上是與生俱來的能力，加上一些後天的學習。擅長這件事的人，通常也會大受歡迎。然而，就算不是這種人，也不能因此斷定就是比較不好、或是不懂得體貼他人的人。因為他們不是沒有心，很多時候只是體貼的方式不同，所以才沒能準確傳達自己的心意。

創傷亦是如此。我敢保證，世上沒有人不曾有過創傷，只是展現創傷的方式各有不同罷了。有些人受傷後，會直接藉由身體呈現，甚至連正常生活都難以維持；有些人則是採取防禦姿態處理自己的創傷，為了不破壞日常，反而加倍積極埋首於某件事。坦露創傷的時機也不盡相同。有些人會在訴訟初期的一、兩個月吃不下、睡不著，然後慢慢恢復，直到訴訟結束後才呈現開朗、健康的康復狀態；有些人則是一直像在談論他人的故事般平靜淡然，等到訴訟一結束便立刻開始酗酒，持續摧毀自己好幾年。

體貼的方式、受傷的地方、展現創傷的型態、治癒的方法與速度，通通因人而異。因此，我們才需要學習如何了解一個人。

為了延長感情的有效期限，一點一滴的努力不可或缺。

「談戀愛時，三天兩頭就能聽到『我愛你』，但自從結了婚，就再也沒聽過這句話了。」「我一直為了家人想做的、想要的，咬牙苦撐著。早就想離開的公司，到現在也都沒有辭職。他們就這樣拿著我賺來的錢吃好穿好，卻連一件衣服也沒買過給我，連一句『謝謝』也沒對我說過。」

說過這種話的人，真的太多了。

一旦停止了一點一滴的努力，感情很容易就會因為各種情況，變質成埋怨與厭惡。當下或許只會傷心難過，但這樣的情緒累積久了，只要一個爆發點，便會瞬間化作重創關係的致命傷。

一點一滴的努力，其實不是什麼了不起的東西。光是懂得善用「我愛你」「對不起」「謝謝」這三句話，都不知道能預防多少段人際關係的不幸。

雖說要為了對方、為了愛而學習，但或許有些人根本不知道該從哪裡開始、該怎麼做才對。在此，向這樣的人建議以下幾種方法：

• 持續與對方製造不同於日常的環境

• 共同參與藝文活動並分享鑑賞感想
• 做一做性向測驗並分享結果
• 試著開啟對話，直至對方百分百接受自己難過的情緒
• 表達自己的不足之處，以及對方在自己心中的存在意義
• 拋開自己的體貼方式，試著使用對方需要的體貼方式
• 當意見出現衝突，嘗試一起了解彼此間存在的差異，而不是一味說服對方

如果能夠實踐上述的努力達到一萬小時以上的話，自然就會從某個瞬間學會，如何從容地向對方表達自己的情緒。當然了，儘管如此努力，也不能百分百保證關係一定不會結束。只是，對於全力以赴的人而言，就算關係終結了，內心也能自然產生坦然接受離別的力量。唯有擁有這股力量，才能在離別後好好理解與鼓勵自己，而不是將自己塑造成責備、愧疚的箭靶。

小小稱讚的強大力量

聽見被包裝成「正確的話」的「批評的話」，只會讓人變得畏縮而已。

「請問是崔唯娜律師嗎？這裡是《劉QUIZ ON THE BLOCK》❷。」

當我正在工作室寫《Marriage Red》的稿件，接到了這通電話。天啊！這是真的嗎？一顆心怦怦怦狂跳，就是這種感覺嗎？我深呼吸了幾下，死命假裝從容地講完電話。

這不是我第一次接到製作單位邀請上節目的電話，但讓我如此激動的原因只有一個：劉在錫（為了將他的名字當作像是「年」「月」之類的普通名詞，所以刻意省略「先生」的稱謂）。

對於從人的身上尋找優秀之處的熱衷程度，已經到了讓丈夫詢問「你到底為什麼有這麼多榜樣？」的我來說，劉在錫絕對是我從小就非常喜歡、仰慕的人物。既不是因為他多得數不清的美談，也不是他今時今日擁有的地位。畢竟，無論在廣受大眾喜愛時流傳了多少佳話，只要爆發了問題，負面的評價就會像早已虎視眈眈許久般一湧而上，這終究是名人的命運。再加上，該怎麼說呢？這項職業已經讓我沒辦法那樣輕易地，對所謂的「美談」感覺悸動了。

仰慕他的原因有兩個。一個是對於他靠意志力與努力，撐過了長達十年以上沒沒無聞的生活深深感動；另一個則是他懂得在不過分貶低他人之餘，為大眾帶來歡笑的模樣，讓人覺得相當舒服與好感。如果要再額外補充一點，大概就是對於他與我十分相似的外貌產生親切感吧（我竟然還因為「神似劉在錫」上了新聞報導！）。

實際見到他本人後，又是如何呢？果然名不虛傳。我是初次參與拍攝以個人為主的談話性節目，所以無比緊張，但只要在拍攝的空檔，見到我緊繃僵硬的模樣，他都會主動開啟各種話題，讓我放鬆心情。

「律師，您也太會說話了吧？」「今天的節目全都是靠律師救活的！」「這集節目播出後，您應該會收到很多綜藝節目的邀約。」

---

❷ 譯註：韓國電視台tvN的綜藝節目，是由劉在錫、曹世鎬共同主持的談話性節目。

聽到這些話，我的自信感也隨之提升，而且發現自己越到錄影後半段，越是逐漸開始享受拍攝過程。

他到目前為止已經見過了多少人呢？我似乎明白那麼多人全都不厭其煩地讚揚（？）這個人的原因——他深諳讓初次見面的人，也像熟人一樣處之泰然的訣竅。這個訣竅不是其他，正是「稱讚」。

他是真的因為我很會說話才稱讚我嗎？嗯……憑良心講的話，我覺得自己不到值得被稱讚的程度。想必他是為了舒緩我的緊張，協助我順利進入下一個階段才稱讚我的吧？謝謝那些稱讚，讓我能夠努力以更加從容、自然的方式說話。或許是因為我也擁有一個需要與許多人見面的職業，所以才會格外留意這些小地方。即使是再尷尬的關係，稱讚果然都能發揮讓人樂於敞開心扉的力量。

哪怕到了開始上班，我都還不知道原來律師辦公室是個會給人壓迫感的地方。直到望見踏進這個地方的委託人緊張得不得了的表情，我才忽然意識到這裡竟然如同警察局或法院，是個討人厭、門檻高築的地方。的確，這裡畢竟只是多數人在經歷了不好的事之後，感到身心俱疲時才會來的地方。

「沒人會在幸福快樂的時候來這裡找我。」

清楚認知這個事實後，我認為自己應該稍微改變一下待人方式——以小小的稱讚作為諮商的開始。

暫且撇除是非對錯，那些人背負著未能善盡家庭責任的愧疚感，甚至還得在走進辦公室的同時悄悄留意我的臉色，這些人的表情大多不是正在接受付費服務的客人，更多像是學生犯錯後進入教務處的表情。此時，唯有一句稱讚，才能緩和這種表情。

「我看您在陳述書上寫說已經結婚三十年了，但實際見面後才發現您也太年輕了吧，嚇我一跳。」「從孩子在家事調查中表示想要和爸爸／媽媽一起住，想必您對孩子來說一定是很優秀的父／母親。」「您今天看起來比上次來的時候輕鬆很多喔！」

委託人聽見這些話，大多會放鬆表情，羞澀地說出第一句話「唉唷，沒有啦」或是「謝謝」。這一句話，正是開啟牢牢深鎖的心門門閂信號。如此一來，我也才能謹慎地談論下一個話題。

「過去這段時間一定很辛苦吧？請不用太擔心，我會盡全力提供協助。」

小小稱讚帶來的小小慰藉。單憑這點就能大幅度縮短委託人與我之間的距離。現在的我，很清楚與法律無關的幾句話，確實能夠提升諮商品質。

仍是新人律師的時期，我一直認為只向有上門的委託人說出適合他們的話、真正需要的建議，才是為他們著想。然而時間一久，我逐漸感覺到就算是委託人和代理人的關係，一旦缺乏人性化的紐帶，便很難順利延續。既然連短期的關係都是如此，那麼在一般關係中，又該需要多少更加緊密的情感交流呢？

收到了下屬熬夜好幾天努力寫出來的報告，讀完後，發現內容依然很鬆散。這種時候——

「這裡，第三十二頁第四行，這段話，實際嗎？」

「金主任的報告封面，每次都做得讓人很驚豔吔，有什麼訣竅嗎？」

在這兩句話中，比較想聽到哪句當作第一句話？或許有人會覺得開門見山就指出錯誤比較好，但實際上並不然。

至少，比起「正確的話」，使用「稱讚的話」開啓對話會是更好的選擇。原因在於，聽見被包裝成「正確的話」的「批評的話」，只會讓人變得畏縮而已。

在一方呈現畏縮的狀態下，對話絕對不可能熱絡得起來。

當然也有人會因為過度重視稱讚，導致只顧稱讚、根本沒辦法好好傳達的結果。當一個人無法自在地表達可能造成他人不悅的話語，通常比較容易發生這種錯誤，而這其實也是一個問題。重點在於，無論是批評或建議，都必須在說完一些能夠拉近彼此距離的話後，確實提出核心重點，如此一來才能更加完整地傳達想說的話。唯有打開了心扉，對方才有辦法聽得進接下來要說的話吧？劈頭就被指責錯誤或缺失，自然就會影響到對方的心情，十之八九也很難再帶著受傷的情緒好好傾聽接下來的話。因此，以稱讚的話作為開始對話的第一步，實際上也可以說是一種明智的「策略」。

我與劉在錫長得相像的新聞報導一刊登，親朋好友的訊息立刻如雪花般飛來。

「唯娜，你還好嗎？不會心情不好嗎？」

不知為何，我很好啊，超級好。劉在錫大概為了帶給人歡笑才會貶低自己的外貌，塑造出「長得醜」的形象，因為根據我實際見到的本人，明明就長得很帥。再加上無論他的外貌如何，最重要的是，他是一個聰明策略家與內心溫暖的人，懂得善用鼓舞人心的稱讚，將初次見面的人也收編為自己的盟友。

我也想像他一樣，成為一個連面對初次見面的人，都能給予令人難忘稱讚的、暖心的人。

努力的接力棒

明明是對方犯了錯，為什麼是自己得試著理解和解決這個情況呢？讓對方負責吧。

漫長夏日的盡頭、吹拂著和煦微風的九月，我如常打開平板電腦準備進行諮商，一位三十多歲的女性委託人走進了諮商室。彷彿犯下什麼錯似的，這名委託人不安得甚至無法與我對視。

「大概是不管另一半做錯什麼事，她都不想離婚吧。」

突如其來的預感。神奇的是，真正因為犯錯來找我的人，往往不是那種表情。來找我的人通常不是想分開，而是另一半雖然做錯事了，但他們依然想要維持家庭。而他們大多會很在意我的臉色，好像沒有下定決心離婚是件很對不起我的事一樣，用著充滿「明明沒有要離婚，還可以像這樣占用律師的時間嗎？」的眼神，向我致歉（法律諮商是付費服務啦，真是的）。健康檢查的時候，需要看醫師的臉色嗎？我之所以不停強調所謂「離婚律師」，意指「既是協助離婚，也是阻止離婚的人」，也是基於這個原因。

果不其然，委託人開口的第一句話就是「那個……我不是為了離婚來的」。

「好，不是見了我就一定得離婚啦。您先請坐。」

聽見我的話，委託人才擠出了像是睽違幾個月的尷尬笑容。

「我老公外遇……在這之前，他一直是很好的老公。對孩子來說，也是個很棒的爸爸。所以就算我真的、真的很痛苦，這次也打算忍一次，放他一馬。」

「您一定很煎熬吧？您希望我提供什麼樣的協助呢？」

「我想知道……如果希望老公不再做出這種行為，我到底該怎麼做，有沒有什麼預防方法。或者是，我現在就該收起原諒的想法，直接離婚才對？」

又一位委託人詢問自己究竟該付出什麼樣的努力，才能盡快度過當下的情況。

當我還未從事這份工作，會覺得「另一半都外遇了，怎麼還會往自己身上找應該努力的部分呢？世界上真的有自尊感這麼低的人嗎？」不過，現在不一樣了。當見到委託人即使置身於幾乎快放棄自己人生的惡劣境況中，也能展現強悍的意志，我便深感她一定是在婚姻生活期間，願意為了這段關係不斷忍耐與努力的人。

「您一定一直拚命想在婚姻生活中做到最好吧？」

聽完我說這句話，委託人努力忍住的眼淚終於潰決了。我遞上衛生紙，靜靜等待她的淚水稍微停歇，才謹慎而冷靜地提出接下來的問題。

「您來找我的原因，是不是想從我口中聽到『只要這次原諒另一半外遇，對方就不會再發生一樣的事。兩位經歷過這次的事，關係會變得比現在更好，所以要加油喔』之類的話？」

「我可能真的想聽一聽有希望的答案吧……但，現實不是這樣吧？」

面對雙眼滿是不安、等待著我的回答的委託人，我真的很想說出充滿希望的話。只是，這種事沒辦法說謊。我知道，與其使用含糊的慰藉安撫痛苦的人，將自己看清的現實如實傳達，才是減少對方痛苦的方法。

「就過去的諮商經驗，原諒一次外遇後，對方再犯的情況實在太多了。」

從此刻起，委託人和我都很清楚，我們的對話將不再只是法律諮商而已。

「您想問的是預防另一半外遇的方法吧？沒有這種東西。從來就不是因為自己做錯什麼才導致另一半外遇。也就是說，這不是可以控制的事。而且如果已經到了需要去預設『一定有可以預防另一半外遇的解決方法』，那麼實在很難讓人認同這是正常的夫妻關係。」

我深深嘆了一口氣。喉嚨乾乾、痛痛的。

「世上的任何人都不能去批評『寬恕』的想法。不能因為別人認為這個錯沒那麼嚴重，我就非得理解，所以當然也沒有理由為了這個錯誤選擇離別而被責備。相反的情況，不也是如此嗎？就算對方犯下的，是經由別人或法律標準衡量後的嚴重錯誤，我依然可以選擇寬恕。夫妻之間的事，從來就不該基於局外人說得對或錯去下結論。」

委託人時而點點頭，時而安靜聆聽。聽完這番話，她似乎也整理好自己的立場了。

「不過，我想告訴您一件事。我不知道自己該不該這麼說……但不妨試著從現在開始，把努力維持兩位關係的接力棒交給另一半吧？明明是對方犯了錯，為什麼是自己得試著理解和解決這個情況呢？讓對方負責吧。重新取得信任並尋求真正的寬恕，不正是您的另一半必須扮演的角色和責任嗎？假設自己打從心底覺得很難寬恕這些事，那就別再努力了，停下來吧。當對方意識到自己應該重新認真經營這段關係，他往後才會懂得為自己的行為負責。」

或許，委託人期待的是能從我的口中聽到「如果決定寬恕對方就該盡力相信他」

「萬一原諒外遇的人後又受到更大傷害，應該怎麼做」這樣的話。只是，正因為我見過太多人，不是憑著單方面拚死拚活的努力，就能解決一段關係的問題，所以我才不得不說出

「將努力的接力棒交給另一個人」的話。唯有當努力的接力棒有辦法達成協調、有默契地交接，一段關係的成熟度才得以更上一層樓。

這位委託人從此沒有再找過我了。我無從得知她最後究竟選擇了離別或寬恕，也不感興趣。只盼望現在的她已經能夠用沒有焦慮的眼神，快樂、開朗地度過每一天。

> 關係，往往是由更能忍耐的人維持。
> 朋友、情侶如此，夫妻也是如此。

在上門找我的人之中，我見過不少原本比較忍讓的一方，最後再也受不了而舉白旗投降，決定放下一切。這裡說的，不是一直忍著對方表現不符期待、不肯配合另一半、不會保護另一半的人，而是指為了帶給對方快樂與幸福，因此獨自忍受痛苦，咬著牙傾注所有的人。

「我以為只要忍一時就會風平浪靜。」

這些人異口同聲說過這一句話。只要其中一方強忍著，或許真的可以繼續維持表面上的關係。然而，當這樣的關係已經從內部開始腐爛，稍微受到一點來自外部的衝擊，就會立刻粉碎。單憑一個人忍耐維持的關係，最終也會因為同一個人的決心而瓦解。尤其是另一半屢次外遇後，緊接著發生言語與行為的暴力時，明明是因為委託人再也無法忍受才告上法院，但真正犯錯的人卻反而一臉訝異地站在被告席，一副「自己只是『如常』而已，幹麼離婚？」

這不是只會發生在夫妻間的事。對於長期單方面負擔約會費用，卻在自己生日時連份小禮物也不曾收過的情侶；或是每次對方難過時，自己便拋下一切跑去安慰他，卻在自己遭遇困境時不曾給予一句問候的朋友。忍無可忍的悲哀感油然而生，為什麼努力的天秤總是傾向一側？這段關係是從哪裡開始出錯？一切只有滿滿的懷疑。

如果各位聽完這些敘述後，腦海中閃過了某個人，不妨試著停止奮不顧身的照顧與忍耐吧？沒有必要因為得不到對方回應而興師問罪。畢竟，付出從來就不是為了換取報償。只是，當超過忍耐極限的警告信號響起，我們就該停止忍耐了。假如單方面負擔約會費用的行為被視作理所當然，那麼就得鼓起勇氣暫時別再與對方見面；厭倦了只顧傾倒苦水的朋友時，即可暫時停止扮演情緒垃圾桶的角色，專注於自己的日常。

勇於停止體諒與努力，是因為先努力改變自己，比試圖改變對方來得更健康、更有希望。多關注自己一些，而現在也是時候把努力的接力棒傳給對方了。

同理很難也很簡單

所謂「同理」，其實就是在完整傾聽後，說一句「原來如此」。

「那個人好沒同理心。」

我們三不五時就會聽見這一句話。不知道從何時開始，「同理」變成了任何人都該理所當然具備的品德。自己也從事格外需要同理的職業，因此從好久以前便常思考「究竟何謂『懂得同理』？」隨著時間的流逝與經驗的累積，我一次又一次試著描繪出「同理」的模樣。

在社會新鮮人時期，「認同對方的話」就是我所認為的「同理」。因此，當我聽見朋友說「男朋友對我罵髒話，所以我太生氣就回了更激烈的髒話」，我會一秒也不猶豫即刻附議「對，你做得很好！就是要以眼還眼，以牙還牙！」我一直堅信，只要以對待家人般支持對方的言行，我就是個懂得同理的人。

隨著時間的流轉，我也已經結婚、組織家庭，生下兩個孩子。其間，當然也負責過不少離婚案件。因此，對於家庭的價值觀變得更加清晰的我，遇上了與自己擁有不同想法的人，不，是就我看來擁有錯誤想法的人，開始逐漸困惑。

「一起生活了兩年，坦白說，我已經對那個人沒有任何心動的感覺了，只覺得看了很不順眼。我現在想和別人交往，請幫我辦離婚。」

每次聽到這種話，內心都會湧起強烈的憤怒。

「難道對方就不會看你不順眼嗎？居然為了不再有心動的感覺而離婚？擁有這種信念的你，將來有辦法向自己的孩子啟齒離婚原因嗎？」

我當然不能對委託人這麼說……儘管有些慚愧，但我決定在此坦承，每次聽見這些說法，自己確實都有怒火中燒的感覺。

在職場生活的各位，和我有什麼不一樣嗎？我猜，一定也面臨過不少好想反駁，卻只能假裝認同的時候吧。

「上門來找我的人，既不是來聽課，也不是來徵詢人生建議，更不是來辨別自己的行為對錯……只是決定好離婚才來找個法律代理人而已，我究竟該表達自己的意見到什麼程度才正確呢？」

越是思考這些事，內心便越是混亂。於是，有時候委託人會因為我表達的憤怒而被破壞了心情，有時候我也會點頭、微笑，假裝認同委託人，彷彿我這個人就只是個沒有情緒、沒有價值觀的「法律人」罷了。隨著時間過得越久，我也逐漸習慣了時時精挑細選從自己口中說出的一字一句。我反覆思索，全世界有數百萬、數千萬與我想法不同的人，我不可能只選擇和自己理念相同的人一起工作，況且這麼做也有違身為法務人員的倫理。

所謂「同理」，
其實就是在完整傾聽後，
說一句「原來如此」。

現在的我已經明白了，光是做到這樣就足夠的道理。太簡單了？若想知道如此簡單的事有多麼困難，只要看一看發生在朋友、夫妻、父母、子女間的爭執便能略知一二。只要下定決心，完整聽完初次見面的人說的話的確不難。然而，當對方越是自己傾注努力與感情的重要對象，就越難以好好傾聽他們說的話。早在對方說完前，滿腦子就只有準備反駁的內容、解決方案，於是變得想要趕緊打斷對方的話，先一步表達自己的想法。最後，大部分的情況是在對方解釋自己為什麼要說這些話前，便已經被堵上了嘴。

我的丈夫也有點這種傾向。當我對丈夫傾訴煩惱時，他一定會直接切入解決方法，是個典型「理性思考」的人。或許是因為如此，我與丈夫間的對話總是會變成以下的方式——

在下班後累成一灘爛泥的日子，我開始向丈夫抱怨。

「我今天的工作太多了啦！」

接著，丈夫會以字正腔圓的聲音答道：

「是喔？那你從下個月開始留職停薪，休息一下。」

這種程度已經算不錯的了。某次，我對丈夫說「我今天整整打掃了兩個小時吔！」結果他居然回我「是喔？那你下禮拜開始試試看用打掃的應用程式。」

我當然知道這一切都是在為我著想。不過有時也會安慰自己「也許有連這些話都不講的人」而心存感激。然而，不知從何時開始，我和丈夫對話後的心情都會有種「怎麼會是這種回應⋯⋯」，後來就算想再說些什麼，也只會選擇默默吞回去。省得說了又像是在對原本就有很多事要忙的人發牢騷、求助，搞得自己壓力也很大。

我自己又是如何呢？回頭檢視自己的行為，我憶起那些當委託人只是期待一句同理的話，而自己卻果斷下結論的畫面。面對「律師，這件事應該可以好好解決吧？」時，其實我只要說一句「不必太擔心，一切都會解決的」就好，卻偏偏不知道哪來的責任感與壓力，反而不近人情地回答「我沒辦法預先告知您結果，必須看一下訴訟進度後，再找時間開會向您說明。」每當我說出這番話，委託人望著我的眼神恰如我望著丈夫般，同樣述說著「怎麼會是這種回應……」的情緒。

思考了一陣子，我決定向丈夫坦白自己的心聲。

「我很清楚、也很感激你希望減輕我負擔的心情。但當我那樣說的時候，其實只要回答一句『工作很多啊？辛苦了』『打掃了整整兩個小時？難怪這麼乾淨』就夠了。除此之外，什麼都不需要。」

現在，理組畢業的丈夫總是會在我抱怨時，像部機器一樣回答「原來如此」，原封不動輸出設定輸入的內容，謝謝他的配合。當丈夫向我傾訴煩惱時，我也會努力嘗試使用他的方式，給予比原本的我來得更理性的答覆。同理，很難也很簡單。

平凡人崔唯娜打算以這樣的同理程度生活。那麼，律師崔唯娜又是如何呢？既然無法僅止於同理，我訂立了標準「先同理，後建議或解決方法」，並依此採取行動。即使在聽見「看對方不順眼，所以要離婚」之類的話，我也不會再虛情假意地點頭，或是不由自主地表達憤怒，反而是平心靜氣地說：

「原來如此。很多來找我的人，都是因為這個原因才想離婚。人嘛，難免會有這種想法。不過他們都說，實際與對方分開之後，填補心動的空缺往往不是新的心動，而是對於錯過所產生的的思念。對此感到後悔的人也很多。」

審慎傳達「雖然我能同理你的心情，但我認為你需要重新考慮自己的決定」的訊息。此時，為了鋪陳「你需要重新考慮自己的決定」這句話，婉轉借用自己從其他人身上見過的經歷，比直截了當表達自己的想法來得更好。需要說出使對方聽來有些刺耳的話時，這會是相當不錯的對話祕訣。

總之，我的角色至少要做到這種程度。假如委託人依然堅持離婚的話，即是超越我能勸阻的範圍了，我無能為力。我花了將近十年，才終於為自己的工作訂下這些標準。等到日後再累積更多經驗、思想變得更成熟，想必又能再訂定其他的標準吧。

我失去老朋友的原因

明明一心想成為支撐對方的力量，卻在不知不覺間因為孩子氣逐漸摧毀了我們的關係。

坦白說，大概到三十五歲前，我都對自己這張「撲克臉」很有信心。無論再怎麼生氣也不會有任何痕跡，再怎麼難受也能裝出開心的模樣。只要我願意，甚至還能讓自己不感興趣的人感覺「崔律師很喜歡我」。我認為這也是一種能力，一種非常有利於社會生活的技巧。

直到過了三十五歲，我遇上了幾個讓自己決心不再發展撲克臉能力的契機；其中一個是教養孩子，另一個則是與朋友關係的觸礁。

首先是教養孩子。面對孩子到了凌晨兩、三點還在哭鬧的局面，雖然我也很累，但基於對孩子造成負面影響的擔憂，基於我是職場媽媽的身分，想讓孩子更享受和我在一起的時間，強忍著情緒展露笑顏的習慣，卻也不自覺地在我的內心種下「憤怒」。就在這股憤怒日益茁壯，直至再也無法忍受之際，我便決定不再努力在孩子面前維持撲克臉了。

當我開始在孩子面前表現真實的情緒，孩子也逐漸能稍微理解我的情緒。原本試圖藉由鬧脾氣獲取我的注意，隨著時間一久，孩子似乎也開始努力想要和這個名為「媽媽」的人建立好關係。這一切，都發生在我忽然意識到，永遠只對孩子露出幸福的微笑，實際上有可能會阻礙他們人格發展。

接著，是和朋友的關係。B和F是我很好的朋友。正因為太喜歡她們倆，所以我一直都對她們保持著快樂的笑容。儘管有時發生了難受的事，我也會為了不表現出來而隱忍，一而再地掩飾自己的情緒。忍了太久之後，長期壓抑的情緒終於一次爆發。

二十五歲左右初次踏入社會的B，經常對我表現出不耐煩的態度。大概是因為比起朋友，我們之間的關係更像是家人、姊妹吧。然而，不知從哪一天開始，我突然變得很難再忍受B總是沒來由隨著心情發脾氣。當時也剛開始社會生活的我，從事必須聽別人說話一整天的工作，本來應該學懂好好處理自己的壓力，卻怎麼也做不到。那時的我，還不成熟。某天，面對著又開始邊發脾氣邊說話的B，我再也聽不下去，感覺自己的頭快要爆炸了。於是，我真的以相當拙劣、急躁的方式結束了這段關係。現在想想，我們兩人當時明明都很喜歡彼此的……或許是太年輕了。

另一個朋友F，與我認識將近二十年，也是我最喜歡的朋友之一。只要遇上F，我就會變身成女超人。請她吃飯、聽她訴苦、鼓勵她，從來不曾吐露自己煩惱的我，每次都會假裝瀟灑地離開。為了感謝這個總是覺得我很厲害的朋友，我努力讓自己看起來變得更厲害。

隨著時間慢慢累積，我的腦海忽然萌生一個想法：「假如有一天我發生了不好的事，我依然可以像現在一樣成為F心目中的好朋友嗎？」這算是某種被害妄想嗎？越是如此，我越想假裝成更厲害的人，不斷扮演著F的情緒防火牆。

雖然我也因此變得越來越感激F信任我、各方面依賴我，但在某些情緒上無暇再顧及她的日子，莫名的怒火也總在不知不覺間竄起。重複發生類似的事情幾次，突然有個念頭閃過我的腦海：

「我有辦法當F一輩子的朋友嗎？」

後來在某個身心俱疲的日子，我主動結束了曾經那般喜愛的二十年老友的關係。

經過好久以後的現在，我想起了這兩個朋友。

身為社會新鮮人的Ｂ，其實只是想在遭遇困難時，與我分享各式各樣的情緒而已，但當時的我真的沒有餘力再多想什麼。因為，與Ｂ結束關係時，也正是我在送別父親後，踏入職場開始適應第一份工作的時期，每天忙得焦頭爛額。如果當時的我願意敞開心房，嘗試詢問Ｂ為什麼老是對我發脾氣，甚至直接對她表達自己的憤怒，結果會是如何呢？會不會在和Ｂ大吵大哭一場後，坦白彼此的心情，這段關係也從此變得更加堅固呢？最近，我一直冒出諸如此類的想法。

Ｆ也一樣。Ｆ是內心與我極為相似的朋友，所以我們也才能一直互相喜歡，並小心翼翼地對待彼此。我支持Ｆ的心意將會持續一輩子。因此，對於親手結束這段珍貴的關係，我至今依然認為自己背負很大的責任，也對此感到愧疚。明明一心想成為支撐對方的力量，卻在不知不覺間因為孩子氣逐漸摧毀了我們的關係。

無論是與Ｂ也好，與Ｆ也好，如果我期望的是能與她們發展成終生相知相惜的關係，便不該戰戰兢兢地避免傷害她們的情緒，不該老是用撲克臉來隱藏自己真實的內心。

我終於懂了。撲克臉，是種極度危險的能力。儘管現在的我依舊不會將情緒百分百寫在臉上，但也不會像以前一樣積極地掩飾自己的情緒。只因曾經努力地不想傷害他人、不想破壞關係的結果，卻是走上了離別一途。對於那一次次的離別，我至今仍深感自責。

或許有機會讀到這段文字的朋友們：

雖然有點晚了，但我很對不起。

後記：這本書完稿後，我與F和解了。我們進行了一場正常的談話，並約定好成為一輩子都不再需要什麼隱藏真實情緒的朋友關係。

這是能與我相守一輩子的人嗎？

彼此相似，就說因為相似才分手；彼此相異，又說因為相異才分手。

和個性相似的人結婚才能幸福美滿嗎？還是會因為容易發生衝突，很難一起生活呢？

二十多歲時，每次和朋友聊到這個話題一定會分成兩派。在事事都想追根究柢找出正確答案的那段時期，我一直很好奇到底哪一派才對？於是，我整天抓著認識的人打破砂鍋問到底，甚至還嘗試透過閱讀來找出正解。

現在回想起來，根本就是白忙一場。因為二十多歲的我根本不清楚自己的性格、價值觀、興趣，自然也沒辦法得知，對方與我究竟存在哪些相似與相異之處。

「以律師的角度來看，您認為相似的兩個人結婚比較幸福美滿，還是完全相反的兩個人結婚才會幸福美滿呢？」

時光荏苒，我也在不知不覺中，成為擁有十多年經歷的離婚專業律師了。不知道是不是因為這個原因，不少人都曾向我提出這個問題。雖然沒有特別調查過，但就自己見過數千對經歷吵架、分離的夫妻，我應該還算夠格憑個人經驗回答吧？

只是，當我實際回想後，才發現自己遇過的夫妻，似乎都有著不盡相同的故事。上午的委託人表示「我和老公從頭到腳完全沒有一個地方相似，大概就是因為這樣，才會沒有任何一件可以一起做的事吧。我也是逼不得已才決定離婚」；下午的委託人則說「我和那個人都很喜歡出去玩，所以整天都想把照顧孩子的事推給對方。夫妻間至少要有一個人喜歡待在家，才有辦法過得幸福美滿吧？」如果一天見十個人，就有十種完全不同的故事。

好混亂。彼此相似，就說因為相似才分手；彼此相異，又說因為相異才分手。正確答案到底是什麼？

夫妻的性格相似或相異，顯然對關係能否延續的影響不大。原因在於，一個人會根據不一樣的立場與情況、擔任角色，而變成另一個截然不同的人。

我自己也是如此。二十歲的崔唯娜、三十歲的崔唯娜，以及此刻即將邁入四十歲的崔唯娜，實在太不一樣了。不單純只是因為年紀的增長，而是在其間發生過的各種事情與狀況，大幅地改變了我的價值觀。尤其是經歷了與父親的離別、生育與教養小孩、擔任離婚律師等，都是讓我徹底改變的關鍵因素。

每當人生面臨某些事，我都會因此有了些許頓悟，有時甚至會感覺自己出現翻天覆地的變化。自從意識到這點，原本我認為「人不會變，我也很難改變，所以我必須找到適合自己的人，並且只與這種人建立關係」，才驚覺從前的自己有多麼愚昧。

當然了，我的根本性格或某些本質層面的確不會產生任何變化。但我現在明白隨著時間流逝，至少以下的事項會出現或多或少的改變：說話方式、喜好、克服痛苦的方法、對待他人的態度、當下感興趣的事。

儘管這些事都可能隨著情況而產生變化，但人們在判斷一個人是什麼樣的人時，即是著重於這些要素。既然如此，在大家的眼裡，我應該變得比以前不同許多了。

頓悟這一切後，每當與某人建立關係時，我也不再斟酌自己與對方究竟有多麼相似或相異。坦白說，或許是因為無論我再怎麼努力，也不可能在短時間內知道對方與自己之間的不一樣。

假如「發現源於性格、價值觀、喜好的差異」根本沒有意義的話，又該觀察哪些部分呢？

那就是接受這些差異的智慧與對於關係的尊重態度。面對任何關係皆是如此，如果懂得認同彼此間不一樣的地方，並且重視這段關係的人，無論作為朋友、同事或另一半應該都很適合吧？

當感覺眼前的人與自己實在太過不同，以致沒辦法分享任何事的話，我希望各位都能善用這樣的觀點重新檢視——以長遠的眼光思考，與對方一起經歷往後即將發生的無數事情，或是對方看待這些事情時表現出來的態度，而不是因為彼此的差異導致當下浮現的困難。到時，或許才得以隱約看清楚對方，是不是能與自己相守一輩子的人。

不是只有你那樣

每個人都一定至少做過一次像那樣笨拙的安慰，也一定有過因為消化不了那種不適當的安慰而深感受傷。

如同前文提過的，比起一個人的性格與取向，我更相信所處的環境與情況。基於工作的緣故，我經常得面對置身在人生逆境的人，而我也一次次親眼見證了他們在經歷那樣的逆境後，出現什麼樣的改變。

我很想對那些正站在此生最關鍵時刻的他們說「只要跨過這個難關，一切都會變好，絕對會朝更好的方向改變」。哪怕只是一句話，我也希望可以為他們送上能觸及內心的溫暖慰藉。只因我曾一次又一次目睹適當的安慰話語，足以對一個人的人生產生多大的影響。

這些事當然一點也不簡單。從事離婚專業律師這份工作後，我一次又一次深切地醒悟，好好慰藉他人是件多麼艱難的事。偶爾回憶起自己慰藉委託人或朋友的話語時，「我那時真是不自量力」的羞愧感隨即蔓延全身。

剛成為律師沒多久時，我曾為遭受暴力對待數十年的六十多歲女性委託人的案件進行諮商。即使長年遭受嚴重的家暴，但這位委託人看起來卻完全沒有想要離婚的念頭，只是硬被長大成人的兒子拖來才逼不得已接受諮商。幾乎是第一次親自接觸家暴案件的我，熊熊怒火不斷燃燒著。

「您真的來對了！只要離婚，一切都會迎刃而解。您到底怎麼有辦法一直忍受那種人啊?!」

一心想著要深刻同理委託人的情況，並且成為支持委託人的強大力量的我，使用超乎平常的卯足全力狀態給予慰藉。然而，有別於我的預想，委託人焦慮不安的情緒完全寫在臉上。眼中滿是難受的她，不停忙著窺視兒子與身為律師的我的臉色。我越看越覺得，她真正想的是「到底要怎麼樣才能離開這裡？」

是啊，她根本不想離婚。我根本沒有留意對方的想法，只是自顧自地以自己的標準與價值觀說出慰藉的話語，而這些話最終卻化作空蕩蕩的回音，絲毫觸及不了對方。

最近偶爾想起這件事時，羞愧得無地自容。我才切實地體悟到，無論為對方著想的心思有多麼強烈，不顧及對方內心想法的慰藉還不如不做。

我也曾有過立場完全相反的經歷。十多年前，對我們一家人堪稱是極大苦難的「父親癌末」找上了門。雖說父親理應是最難受的人，但從旁看著他那般痛苦不堪模樣的我們，其實也很難熬。我從來都不知道，原來無法為自己在這個世上最愛的人分擔些許痛苦，竟是件如此難受的事。我能做的，只有一直待在我「最好的朋友」父親身邊，好讓他不會感到孤單而已。

隨著父親逐漸病入膏肓的某天，我牢牢握著父親無力垂落的手，發自真心地說：

「萬一爸有什麼三長兩短，我一定會馬上跟著你走。所以爸，你不是自己一個人喔，不要擔心。」

那天，我見到了向來是我堅強後盾的父親流下眼淚的樣子。當時的我並不明白，那句話聽在父親耳裡是什麼滋味。我真的做了最糟糕的安慰。只要一想到對於生命即將走到盡頭的父親而言，女兒說出要跟著自己走的這句話，是多麼沉重的傷痛與絕望，心裡至今依然對此感到抱歉的我，胸口不禁隱隱作痛。那是我人生最後悔，也最想改寫的一瞬間。

後來，就在完成父親的喪禮後，失魂落魄的我仍在無助感中死命掙扎之際，一位好朋友對我說了這樣的話：

「唯娜，沒關係啦，你的處境至少還比我好啊。」

朋友確實是為了要安慰我才說出這句話的。想必是希望我能看看他的處境後，得到相對上的慰藉吧。

理智上的確能理解朋友的心意，但我卻對這句話感到難過。

「你是要我去比較悲傷的多或少嗎？失去爸爸的痛苦怎麼可能和任何其他東西比較？」

越想越生氣。再加上，感覺那位朋友似乎又會繼續使用相同方式安慰我，我甚至遠離了他好一陣子。事後回想起來，當時的我也好，他也好，大概都太年輕了。每個人都一定至少做過一次像那樣笨拙的安慰，也一定有過因為消化不了那種不適當的安慰而深感受傷。

雖然至今我依然沒有自信可以保證自己不會再犯類似的錯誤，但我確實放下了像以前一樣試圖做些笨手笨腳、勉強的慰藉的野心。不再無理強求要表達自己的想法或嘗試改善對方的心情，而是明白了一個重要的訣竅：說一說曾經有過相同經歷的其他人的故事。

「律師，您一定覺得我很悲哀吧？對方都已經外遇了，為什麼還會覺得一切問題都是我造成的呢？為什麼我這麼沒有尊嚴？」

換作以前的我，一聽到這種話絕對馬上氣沖沖地回答「您不需要這樣想。擺明就是您的另一半犯錯啊！」然而，現在的我會先深呼吸一口氣，然後慢慢地說：

「其實大部分的外遇受害者都有類似的想法。就我實際見過的幾百、幾千位都是如此。一點都不悲哀啊，這是再正常不過的事了。自責的情緒會在憤怒之後出現，接著才能用更客觀的角度看待整件事。而進入這種狀態的您，自然就可以做出結論。雖然很痛苦，但也請再等一段時間吧。」

聽完這番話後，了解不是自己才會有那種想法的委託人，通常就會變得安心、放鬆。

當遭受暴力對待的被害人聲淚俱下地說著「我……覺得自己要走到離婚這一步實在太委屈了。雖然我的確不想和那個人一起生活，但也不想離婚。律師是不是覺得我這樣很悲哀？」我會告訴他們「抱持著對方可能改變的期待撐了幾十年，一下子說要放下就放下，自然會覺得空虛、委屈。其實有很多人都會說這種話，但您就是因為已經看不到未來了，才會來找我吧？一定下了很大的決心」。此時，十之八九的回應是「您怎麼知道我在想什麼？」其實不是我知道他們內心的想法，而是擁有相同經驗的無數人教懂了我。

即便每個人接收慰藉的重點都不一樣，但大部分都能被「不是只有你那樣」這句話深深地撫慰。

有件事必須格外留意。當對方傾吐煩惱時，有些人一定會使用「我那時候也是……」作為回應。雖然一開始的時候會因為經歷過類似的困難，而讓彼此萌生認同感，可是一旦這種對話方式不斷重複，對方難免就會覺得「這個人到底是在聽我訴苦，還是想講自己的事？」相較於自己的故事，陳述第三者形形色色的案例不僅會顯得更為客觀，也能給予對方信任感。

「我從律師的安慰裡得到很大的力量。」

現在也經常聽到這樣的話。不知道是否該歸功於工作累積的經驗，連在日常生活中也有一些朋友會向我坦白煩惱並尋求慰藉。每當那些朋友、家人一見到我便急著拉起我的手，左顧右盼地想找個祕密的地方訴說自己的故事時，我都會覺得自己從事這份工作真好。這也是我覺得最感激、最有成就感的時刻。對我而言，滋養我成長的自身經歷與他人的經驗就是我最大的財產。確實，再也沒有什麼比得上經驗的東西了。

倦怠，或許是愛的新版本

倦怠期其實就是熱戀的結果。同時，對認真愛過的人來說，或許也正是另一種全新版本的愛。

「因為抱歉，實在沒辦法提分手。對方對我太好了，根本不忍心說出口。」

聽朋友們的戀愛故事時，經常會聽到「感覺淡了，但分不了手」這句話。雖然情況有些不同，但通常聽到諸如此類的故事，我都會這樣回答：

「人生苦短，為什麼要帶著歉疚的情緒與人交往呢？這樣對你們都不是好事吧？」

有些人即使在聽了這番話後，依然會繼續戀愛。無論如何，選擇權終究在自己手上。

進行離婚諮商時，「因為抱歉，所以沒辦法分開」這句話的出現頻率也很高。奇怪的是，這句話在戀愛諮商時，與離婚諮商時聽起來卻不太一樣。在離婚諮商中「我覺得感情已經淡了，但因為對方對我太好，心裡還滿抱歉的，所以才沒辦法開口提離婚」這句話，聽起來莫名有種不負責任的感覺。因此，每次聽到這句話，我都會相當生氣。

「抱歉」這個詞彙當然蘊含了不少彼此間的歷史、各自的耐心，以及只有雙方才知道的內情，所以站在旁觀者的立場也無權多說些什麼。不過，難免會覺得人理應用不一樣的態度去對待戀愛和婚姻。

我認為，戀愛是必須使彼此成長的過程。這裡指的，不是在與對方交往後，進而在社會上達成什麼偉大的成就。偶爾會見到某些人只要一開始談戀愛，深陷愛河的他們便會將自己所有該做的事拋諸腦後，一心只為彼此的關係燃燒殆盡。那又何妨呢？只是，我相信雙方在這段期間，應該要感覺自己在內在、情緒層面變得更成熟才對。如此一來，這段關係才會發展得更好。相反地，有些人就算已經為了未來共同完成有建設性的事，依然會感覺在一起的時間一無是處。

單憑「抱歉」的情緒去維持本應不斷成熟與發展的關係，某種程度上就像是源於

「以道德之名偽裝的自以為是」。

一個人該有多麼霸道與自私，
才會因爲無法忽視對方依然深愛著我的心，
因爲從對方身上得到了太多而無法分開呢？

這麼做不是在浪費對方的寶貴時間嗎？如此一來，似乎是將對方基於善意付出的一切，等同自己也必須相對奉還的「有償模式」。在這種情況下，好好說再見會不會就是報答對方的最好方式呢？

然而，婚姻關係卻有些不同。婚姻，是在戀愛期間驗證自己的內心後，無論在日後面對何種誘惑或苦難都會捍衛這段關係，並且在愛情開花結果時誓言承擔責任的法律與精神行為。它必然不如戀愛般輕鬆，在選擇「分開」這個選項時，後續因此受到傷害的人也實在太多了。

多數決定要離婚的人，當然都是已經充分考慮過這些層面後，才會上門找我。下定決心離婚的原因五花八門，而大部分的離婚，都是為了擺脫只有單方面被迫犧牲的婚姻，重新找回自我人生的珍貴旅程。不過，有時也會遇見因為倦怠、膩了、淡了等理由選擇離婚的人。即使是這種情況，也屬於個人的選擇，站在旁觀者的立場理應予以尊重。旁觀者絕對無權做出任何批評。

只是，我不禁會想，假如戀愛是思考與選擇自己能否與這個人攜手走下去的過程，那麼作為經過選擇以後的婚姻，理所當然該懂得為選擇自己的人與自己所選的人感到歉疚。傾注心力去報答這份虧欠，或許也正是伴隨著婚姻而來的沉重責任吧？

我想起自己以前讀過的一本書，內容關於一對男女開始相愛時的感情甚至無畏生死、無懼戰爭，堪稱是世上最強悍的力量。就物理層面來看的話，這種感情源於你我體內分泌的荷爾蒙；醫學上認為這種荷爾蒙的分泌時間約莫是一年半至兩年半。分泌的時間會依據對方具備多少自己喜歡的部分，以及愛情的開始有多麼戲劇化而變長或變短。不過，一段關係往往會在經過數年後，進入介於穩定與倦怠之間的位置。多數情況是如此。

我想起了幾年前拿著自己收到的離婚起訴狀尋求諮商的委託人。從丈夫手上收到的起訴狀中，寫滿了關於妻子的各種缺失。儘管面對著連旁觀者看了都覺得怒火中燒的侮辱性內容，委託人卻表示自己並不想離婚。

「是因為孩子嗎？」

「不是，不是這個原因，畢竟兒孫自有兒孫福。捨不得自己一直以來維持的關係，才是我不想分開的原因。」

我當下完全沒辦法對這番話產生共鳴。

「我可以理解捨不得的情緒，但單方面維持一段關係，有意義嗎？關係，應該是雙方面一起經營才對吧？」

看完起訴狀後實在太生氣的我，用了比平常來得更強烈的方式提出自己的意見。此時，委託人反而一臉淡然地答道：

「人啊，不都會一直隨著年紀與處境不斷改變嗎？但我們好像就是因為太過堅信自己對對方的了解，結果才逐漸磨掉這段關係。我認識的那個人依然停在以前的模樣，但那個人認識的我已經改變了，所以我們才會一直朝著不同方向而去。就算已經走到了盡頭，我還是不想就此放棄我們十多年來一起維護和栽培的關係。」

一聽完這番話，我頓時想起之前在電視上，看過某位戀愛長跑十年的知名魔術師說過這樣的話。

「就算是和朋友也會有比較疏遠的時候，或是比較親密的時候吧？和情人不也一樣嗎？」

所謂的倦怠，或許是關係的另一種狀態，是邁向新階段的出發點吧？

如果連試著踏上這個出發點都不願意，而是顧著要找其他路線離開，最終只會永遠錯過去愛對方隨著時間而一點一滴改變的機會，以及同樣隨著時間改變的自己被愛的機會。

我最近常在想，倦怠感絕對不會輕易、平白無故出現在兩個人之間。努力不懈地探索關於對方的一切後，藉由長時間的探索換來已經徹底了解彼此之際，倦怠的感覺大概就會冷不防地在這個時候出現在兩個人之間吧？因此，倦怠期其實就是熱戀的結果。同時，對認真愛過的人來說，或許也正是另一種全新版本的愛。

我想在此以極為謹慎的態度奉勸那些因為「感覺不如從前了」「婚姻生活很無聊」「進入倦怠期」而決定離別才找上我的一句話：

「各位會因為第二季很無聊就絕對不看第三季嗎？」

誰又知道第三季會發生什麼事了。

第三章

有辦法抓住的，只有自己的心

Dao現在過得好嗎？

Dao是我長大成人後，第一次意識到何謂「再也不會見面的人」。

「你的第一次離別是什麼時候？」

某次和朋友聊天時，聊到「第一次離別」。我細細翻找回憶，先是想起自己在很小的時候失去寵物的事，同時又浮現出自己為了好朋友轉學而嚎啕大哭的畫面。其中，最為深刻地烙印在腦海中的第一次離別，是二十歲出頭時經歷的事。

當時的我，正在只要票選「全世界最適合生活的城市」就一定會排進前五名的溫哥華，進行為期一年的語言研修。雖然現在回想起來確實會覺得「這輩子大概不會再有那麼平靜的時光了吧？」但對於當時只有身體是個成人，心智年齡卻仍停留在國中生程度的我而言，置身於語言不通的城市本身就是一種恐懼。我甚至會因為莫名其妙的想像，例如自己走在路上時，好像會被突然打開的人孔蓋吞進深不見底的黑洞，害怕得全身發抖。不僅如此，也因為覺得自己只要和韓國朋友們在一起時，就會連I'm fine, thank you. And you?（我很好，謝謝。你呢？）這種最粗淺的語言能力都消失，所以只要一見到使用韓文的人，我都會恍如見鬼似的避之唯恐不及。

那天，我一如往常在充滿外國人的補習班角落，吃著寄宿家庭阿姨為我準備的三明治。就在我根本無暇品嚐三明治的味道，一心只想著趕快補充能量就好，拚命把食物塞進嘴裡時，一個看起來與我年紀相仿的人主動對我說了句Can I sit here?（我可以坐這裡嗎？）是個有著健康古銅色皮膚的女同學。

當需要詢問是不是空位時，我在韓國學到的英文是Is this seat taken?（這個位子有人嗎？）於是，我第一眼就愛上了這個就語言研修生來說，英文說得相當自然的她（我必須害羞地承認，她可愛的外表當然也是一大原因）。

她是名為「Dao」的泰國同學。總是會帶著裝滿「Pad Thai」（泰式炒河粉）的午餐便當來上課，是Dao最大的優點。雖然Pad Thai當時在韓國比較罕見，卻已是溫哥華相當熱門的料理之一。大概也是這個原因吧，我才會在經過十五年後的這一刻依然記得Dao。

總之，多虧了這種只要有人給我好吃的東西，我就會向對方掏心掏肺的性格，我們很快便拉近了距離。

Dao和我一天比一天來得更熟。

「既然有了一個外國朋友，那我現在也可以交韓國朋友了。因為只要有外國朋友在，自然就不會用韓文。」

開始使用這種方式自我合理化的我，除了泰國朋友外，又結交了一個中國朋友Lucy（後來成為我的摯友），以及兩個韓國朋友。我們四個人一起度過了無比幸福、快樂的時光。光是望著彼此都能互相成為依靠，託這些朋友的福，我甚至不知從何時開始連對父母、姊姊的思念也通通拋諸腦後了。

悲傷的是，這樣的幸福是有期限的。無論在哪個國家，語言研修生們的情誼註定了只能曾經擁有。當身處於這個同學得在一個月後返鄉、那個同學得在三個月後歸國的境況時，「離別」成為了開始每一段關係的前提。

我們甚至連這個事實都忘得一乾二淨，彷彿這些日子會天長地久，只是盡情地玩，盡情地分享每一個片刻。我們一起旅行、一起去公園郊遊，一起在下課後分享彼此的便當。

然而，註定的離別不可能永遠不會到來。

「我一星期後要離開了。」

面對Dao突如其來的這句話，大家瀟灑地回答「是喔？以後保持聯絡就好了啊！」不是因為無所謂，而是感覺太不真實了。本來天天生活在一起的人，卻在某一刻突然消失了，那種感覺實在太難想像。

終於到了Dao離開的那一天。一行人帶著搞不清楚狀況的心情一起前往機場。我們幫忙拎著Dao的行李，買了一些機場販售的溫哥華小紀念品送她，接著交換彼此的E-mail，最後笑著道別。

只是，這一切是怎麼回事？當望見Dao的背影隨著出境大門關閉而消失的那一刻，瀕臨失控的眼淚瞬間從我的雙眸潰決。在一旁看見我摔著胸口哭得傷心欲絕的朋友們，似乎也終於在此時意識到現實，因此一個接著一個開始啜泣。我們就在那裡緊握著彼此，哭了好久。

我在那天感受到了從前未曾有過的情緒，有種說不上來的奇怪。

「我為什麼會這麼傷心？我對Dao的感情有這麼深嗎？」

諸如此類的疑問始終在腦海中揮之不去。我對此下了一個結論——Dao是我長大成人後，第一次意識到何謂「再也不會見面的人」。

當然了，我們從來無法妄斷未來。儘管我一直堅信自己一輩子都不可能再見到她了，但她卻神奇地在睽違四年後到訪韓國，並且與我聯絡。我興奮地帶她去參觀了一趟六三大廈。

每當人生中必須面對各種大大小小的離別，我總會想起第一次教懂我學會離別的她。多虧了Dao，我才明白（可能）再也見不到曾經無話不談，像是世上最親密的人是什麼樣的感覺，以及當面對這樣的離別時，自己究竟該抱持什麼樣的心態。我真的很謝謝Dao。

我們從出生到死亡的每一刻都是學習。既然如此，離別免不了就是包含在每一段關係之中機率極高的一種結局，是隨時隨地都可能重複發生的事。

如果能在每次發生這些事時，
將其稱之爲「學習」，
那麼即使離別時的情感無比煎熬，

也不會造成人生太大的傷害。

我也會想，假如我們懂得將離別視作一種學習或經驗，是不是就能減少誤以為他人的痛苦只是單純的「失敗」呢？儘管離別帶來的痛苦程度，會隨著當時自己的人生處於何種狀態、對方與自己的關係有多麼重要而產生差異，但離別使人悲傷終究是必然的事實。一段投入百分百的愛才開始的關係，卻不得不走向終點，痛苦自然是在所難免。然而，若是這些痛苦能成為幫助一個人蛻變得更成熟的肥料，妄論這些離別經驗是「失敗」的行為顯然就太過火了。

讓我重新思考關於離別的一切的朋友Dao，她在某個地方過得好嗎？又是以什麼樣的方式記得我呢？

釋放創傷的關係

時時刻刻的謹言慎行，隨之而來的往往就是防備心與鮮少表達感情。

大部分來找我的委託人，都是還沒協議好分開，便決心要提起訴訟的人。直接選擇走到訴訟這一步，也證明了對彼此的了解有多麼透徹。他們在與對方一來一往的對話中、協議分開的過程中，更是加深了對對方的失望。

「我真的失望透頂，受夠那個人了。」

這種反應已經算很客氣了。一旦正式開始諮商後，十之八九都少不了憤怒、咒罵、眼淚。而後，又向對方做出相同的評價。儘管我不曾逐一計算，但將近有九成的人都會這麼說：

「那個人應該哪裡有病吧？根本精神有問題。」

更神奇的是，第一次調解期日去法院時，對方也一定會說出一模一樣的話。

「那個人絕對有精神病！」

越聽越摸不著頭緒。既然如此，豈不是大部分的人都是精神異常嗎？嗯……就我踏入社會生活並且見過無數人後，再加上看一看自己與身邊的人，結論是：沒錯。絕大多數的我們都有一些地方生病了。

心理學家與精神健康專家都認為，一個人的行為與人際關係中顯露的問題，大部分都是起因於過去承受的深刻傷害。我們可能會因為所謂的「創傷」，而在無意間傷害對方，或是帶著混沌的眼神去看待對方，因此怎麼也看不清楚對方的真實面目，導致最後做出了錯誤的選擇。

雖然創傷（trauma）一詞起初是用來指稱需要接受治療的「精神外傷」，但近來則是廣泛地使用於形容對一個人往後人生造成大大小小影響的精神傷害。或許，我們也是因此才會對情緒受到傷害的感覺，變得比以前來得更敏感。

痛苦的型態與程度、疼痛的表現方式都各有不同。有些痛苦，是連自己、連一起相處的人也完全無法承受的程度。最具代表性的例子，是童年時期親眼目睹過家暴後，在成長過程留下嚴重創傷的人，會出現防禦性的暴力折磨他們的另一半。這種情況，我實在見過太多了。

在這種情況下，被害者選擇隱忍暴力行為，非但不會減少發生頻率，反而還會變得更為嚴重；相反地，若被害者對暴力行為做出強烈的反抗，加害者亦會完全失去理智，對被害者進行加倍激烈的暴力行為。換句話說，無論怎麼做都不會減少暴力行為的程度；這些人甚至連到了法院都還會以「我只是因為那個人做了欠揍的事才打他／她」的說法，將責任推卸到被害者身上。不管再多專家主張「暴力是錯誤行為」都絲毫沒有任何作用。結果，關鍵不在任何人，而是唯有自己意識到本身的暴力問題並且痛定思痛改正時，才會讓一切變得不一樣。

如果是在父母完全不會表達愛的家庭中成長的人，可能會因為渴望獲得他人的愛，而過度在意與迎合他人的目光與取向；在態度冷漠的家長底下成長的人，容易因此產生嚴重的防備心，而以極端的方式曲解他人的正常批評，最後摧毀彼此間的關係；若是因為曾經遭受近親的性暴力對待，而在心中對異性埋下厭惡感的人，則會在面對與異性間的關係時，不時出現被害意識。

有些人有辦法好好處理自己的痛苦，並且在不被任何人發現的狀態下如常生活。偶爾會遇見一些人向我傾訴「那個人真的一次也不曾失控過，完全不會把情緒表現出來，根本不知道他／她內心的真正想法是什麼」。他們的另一半通常會奮力壓抑自己，過著絕對不讓任何人發現內在創傷的生活。時時刻刻的謹言慎行，隨之而來的往往就是防備心與鮮少表達感情。雖然這種人不會帶給周圍的人太大的傷害，卻也很難與任何人建立親密的關係。因此，即使在一起生活了幾十年後，也依然無法與包括另一半在內的任何家人拉近心理的距離。為了這樣的原因導致家庭破碎的情況，其實不在少數。

此外，也有另一些人會採取對他人無害的方式來處理自己內在的痛苦，因此他們從表面上看起來相當正常。舉例來說，假如童年時期在動不動就會遭受批判的嚴格家庭環境下成長，有些人會因此出現嚴重的強迫症與焦慮，但他們反而會因為自身經驗，不太對他人表達批判的話語或不安（不過，可能會在某個時間點突然崩潰）。儘管周圍的人會認為這些人是「好人」「親切的人」，並且與其維持良好的關係，可是真實的他們卻經常與深深的孤單感為伍，甚至就像是時時戴著面具般悶悶不樂。儘管如此，至少正面的社會評價確實能慢慢修復他們的心。

不只是童年時期的創傷，過往的戀愛經歷留下的不好回憶（約會暴力、對方出軌等），以及任何在人際關係中經歷過的大大小小傷痛，都會對日後的人生產生莫大影響。在沒有確實擺脫創傷的狀態下重新開始新的關係，大多都得想盡辦法不讓自己籠罩在過去的陰影之下。

我曾在上門求助的人之中見過這種情況。

「經歷過戀愛長跑後，才發現時間越久，對彼此越熟悉，感情也越淡……所以，最後就決定分手了。重複相同模式幾次後，我開始覺得害怕。既然如此，交往幾個月就結婚會不會是更好的方式？我一心想著，至少這樣的新婚生活可以過得很幸福吧，後來真的交往一下子就結婚了。結果，對方在戀愛時期展現出來的模樣卻瞬間消失，完全變成另一個人。我真的覺得太荒謬了。太過短暫的戀愛，根本就是毒藥。」

還有另一種情況。

「不是有那種只要一說話，對方就要立刻壓制你，然後顧著發表自己主張的人嗎？我前妻就是那種人。我是真的受不了才和她分手。從此以後，我光是看到任何女生在大吼大叫，都會嚇得全身僵硬。只是，我想要組織美好家庭的夢想沒有因此消失，所以只要親朋好友身邊有溫順的女生，我還是會拜託他們介紹一下。後來，我很幸運遇到她，而且很快就再婚了……但因為她真的太單純，又太沒主見，所以不時就會被身邊的人唆擺。一下子買高價的飲水機送人，一下子幫別人作保、借錢，最後連唯一的房子都沒了，我才只好來這裡找律師辦離婚。」

當感覺眼前的人與過往的人截然不同的那一刻，因為看不見對方的任何缺點而深深愛上這個人，無疑是件相當危險的事，同時也可能會是再次傷害自己的行為。

讓我們試著這樣想吧，因為實在太討厭現在公司的某個部分才決定離職的人，在沒有審慎考慮便選擇了新公司，只因這裡沒有自己討厭的那個部分。這個人會滿意新公司並在這裡待得很久嗎？幸運的話，新公司可能真的是剛好適合這個人，但絕大多數的情況是，這個人會再次因為發現新公司的新問題而飽受壓力。

新公司的優缺點為何、自己能不能忍受這些缺點、具備的優點又是否能協助發揮自己的專業，都是選擇新公司時必須仔細斟酌的部分。換句話說，也就是必須思考新公司是什麼樣的公司，以及是否適合自己。人際關係不也是如此嗎？開始一段新關係時，我們只要先好好想一想對方是什麼樣的人，以及適不適合自己。

若想建立釋放創傷的關係，終究取決於個人時時審視自己的創傷是否對一段關係造成負面影響，並且努力不讓這樣的情況發生。可是，也不能反而因此變得過度執著。在建立不同的關係時，必須學懂觀察自己在這些關係中是如何說話與行動。意即，需要保持客觀的態度去了解自己。

精神學家貝塞爾・范德寇（Bessel Van Der Kolk）在處理創傷的著作《心靈的傷，身體會記住》（The Body Keeps the Score）中，提出「存在精神外傷的人需要藉由各種關係療癒自身深層創傷」的說法：透過與擁有類似經歷的他人建立關係，以減少羞恥的感覺，並且透過愛與被愛的關係，感受身體與精神上的安全感。他也補充說明，隨著相關經驗的累積，我們也才能學會如何正視與解決自己眼前的問題。結果，源於關係的創傷，終究還是得靠關係療癒。

在此，必須格外留意一點——千萬別將「唯有關係才能克服創傷」這句話，解讀成為「唯有透過與特定的人建立關係才能療癒創傷」。

所謂「關係」，
讓我們得以看見從他人身上反映的自己，
並且藉由獲得他人的同理，重新檢視自己的情緒。
而這也正是「關係」蘊含療癒能力的原因。

一旦不小心把期待寄託在建立關係的對象，而不是關係本身的話，很有可能就會換來失望與受傷。如同你我所熟知的，人從來就是不完美的動物啊。

每當見到美劇中的人物，為了療癒自身的創傷而求助心理諮商師，或是參加擁有類似痛苦經歷的人們的聚會，我總會想起如果自己每天見到的那些滿身瘡痍的人，也能輕鬆、自在地善用類似的體制，不知道該有多好。儘管近來的情況比較改善了，但在韓國接受心理治療或前往精神科求醫一事，似乎仍無法被正常看待。不承認或隱藏、壓抑自身傷痛的文化，反而才是強勢的主流。或許也是這個原因，我們同樣很難見到擁有類似傷痛經歷的人主動聚在一起的畫面。有時，我不禁會想，像韓國這樣把忍耐視為美德的文化，會不會就是造成離婚率居高不下，與結婚率低迷的原因之一呢？

假如存在什麼連自己都想隱瞞的深刻傷痛，代表有必要好好檢視一下自己在某些關係中，是否會頻繁表現出何種特定模樣。這句話指的不是去在意他人的反應，而是應該試著努力以稍微客觀的角度來看待自己。自己是不是放大解讀了對方的言行、是不是自顧自地走得太快了、自己對對方的愛是否與自身的過往經歷有密切關係等。

尤其是曾經聽過「不要老是只照你自己的想法思考」「為什麼你每次都要誤會我的

意思？」之類的話，那麼就得更仔細檢視一下這段關係。重新確認對方是否對自己情緒勒索、自己是否無法擺脫過往的創傷等。如果沒辦法靠自己判斷，不妨試著詢問對自己與對方都有一定程度了解的朋友，或是尋求專家的協助。

幸好，我們擁有的傷痛並不只會產生負面影響。背負著痛苦經歷的人，有時反而比完全不曾有過類似經歷的人，更能維持健康的關係。藉由帶給他人幸福的方式療癒自身傷痛的人、因為自身經歷過的重大創傷而更能深刻理解他人的人、誠實坦白自己犯過的錯並藉此療癒自我的人……這樣的人多不勝數。

他們今天也悄悄地告訴了我這些話：

承認自己的傷痛並使用良善的方式治癒它；
毋須害怕被對方發現自己的創傷；
與擁有類似創傷的人分享傷痛後，一起找出療癒的方法；
尊重與理解對方的傷痛，但不必試圖百分百療癒對方。

六十天後見

人心如水，唯有開拓前路才得以流動。

在正式離別的前夕上門找我的人，大致上可以分為三種表情。

第一種，彷彿經過漫長等待終於得償所願，神情略帶興奮的人（對這類人來說，離別就像是擺脫、解放）。

第二種，難受得甚至沒辦法與我的眼神交會，連呼吸都顯得吃力的人（可以感覺得到這類人的內心遍布著各式各樣的傷痕）。

第三種，猶如看透了整個世界般，表情堅定且不見絲毫動搖（無法從這類人身上察覺興奮、悲傷等任何情緒）。

看起來難掩興奮的人，大多早已在內心經歷過離別的所有過程，實際上只剩下「文件跑流程」而已（扣除因為受到另一半外遇或暴力行為等突如其來的衝擊事件，而不時發出笑聲的人）。遇到這類人時，我的心情也會跟著輕鬆許多。只要合力研究出可以證明對方犯錯的方法就好。

至於第三種類型，是內心強大到我反而想尋求他們諮商的人。這類人只需為他們提供法律說明即可，過程相當迅速。

問題在於第二種類型。這個類型大部分都是吃不下、睡不著至少十天以上的人。一個心痛得甚至連站都站不穩的人，往往聽不見也看不見任何東西。因此，他們精神緊繃得能聽見自己每一下心跳聲，只會一直重複「我好想死」這句話。與其劈頭就對這類人提供法律意見，撫慰他們的心才更是當務之急。如此一來，才能順利進入下一個步驟。

「拜託你救救我」「我去死的話，孩子們會恨我吧？」

剛成為律師的我聽到這種話，不僅被嚇得開不了口，甚至也曾不由自主地流下眼淚。我不知道該說些什麼話，只是不停重複著「做什麼都好，就是千萬不可以採取極端的手段」。

然而，聽過類似的話太多次，我才明白他們其實只是想從我口中聽到一句「一切都會好起來的」。就像面對重要手術前，我們只要能從醫生口中聽到「其他病人在接受手術後都順利出院了」就會倍感安心一樣。

領悟這個道理後，我不再說「做什麼都好，就是千萬不可以採取極端的手段」，而是改用更為輕鬆的說法。

「我到目前為止見過的委託人，大部分能在兩三個月後開始慢慢恢復正常飲食和睡眠，臉上也有容光煥發的感覺。」

試著提出在不遠的將來就能見到的美好藍圖，在某種程度上，也算是處方箋吧？

於是，才終於在他們滿是絕望的眼神中，閃過一絲希望。

「真的嗎？我會好起來嗎？」

有些人會這麼反問我。每當見到那些從絕望變成希望，從回首過去變成展望未來的眼神時，我的心臟也會默默地狂跳著。看來是真的好起來了。

他們之所以會在我面前表現出那樣的反應，大概是因為知道我見過了太多與自己擁有類似經歷的人，而不只是單純的法律專業人士（回想一下前文提及的撫慰方法！）。

一般來說，將寫好的起訴狀寄給對方後，對方可以於起訴狀送達日起的三十天內提出答辯狀。只要將寫有原告與被告各自立場的起訴狀與答辯狀交給法院，法院就會訂定第一次開庭的日期；而第一次的開庭日也通常會落在我與委託人第一次諮商的六十天後。

不時能見到第一次上門諮商的人，像是隨手抓到什麼就直接穿上身一樣，鬆垮的T恤、與上衣完全不搭的下衣、顏色怪異的襪子等。然而，只要一到了六十天後的第一次開庭日時，他們不僅會穿上費神搭配的衣著，連表情也變得穩定許多。精心裝扮意味著一個人的情緒已經逐漸恢復平靜了，因此才會有多餘的時間稍微留意自己的外表。

看見這些模樣後，我似乎才懵懵懂懂地體悟到，一個人的心智最難熬的時候，是真正做出決定之前，而不是下了決定之後。或許是因為一個人唯有在做出重大決定後，才有辦法站在客觀的角度，釐清自己將從中獲取什麼樣的得失，並且慢慢接受這個選擇。一切痛苦自然也會在這段過程中逐漸舒緩。

親眼見證過一次次接受離別的過程後，我開始有了「人心如水，唯有開拓前路才得以流動」的想法。儘管沒有人能預知水將會流向溪河或海洋。

可以確定的是，
人心也同樣適用流水不腐的道理。

當我的心或身邊所愛的人的心發出了腐臭味時，就讓我們一起為淤積的心開拓疏通的道路吧。我相信一起吃吃飯、聊聊天，開些無厘頭的玩笑，然後各自分享近期的興趣、互相按摩一下彼此的肩膀等，都是能夠為心開拓道路的方法。

道歉的目的，寬恕的溫度

選擇寬恕不僅是為了減少傷痛對自己的影響，更是決定積極努力生活的結果。

被自己最信任的人背叛會有什麼樣的表情？在經歷過另一半外遇後來找我的人臉上，正正就是這樣的表情——雙眼無神。光是看著那雙眼睛，都能切切實實地感受到一個人有多麼絕望與痛苦。

當直覺對方外遇時，大部分的人都會出現不願相信與逃避、否定的反應，甚至被強烈的自責感籠罩。直到發現了確切的證據後，才意識到已經不可能再瞞騙自己時，便會萌生放棄人生的念頭；換句話說，也就是陷入採取極端手段的迷惑之中。

處於這種狀態的人來找我時，超過半數以上都會這麼說：

「我真的不知道會變成這樣」「我一直以為自己是很堅強的人」。性格或價值觀都截然不同的人說出了一樣的話，這意味著任何人在面對痛苦時的表情都是如出一轍。我於是才明白，原來自豪於「無論面對任何難關，我都能戰勝它」是件多麼狂妄的事。

關鍵在於痛苦之後。克服痛苦記憶的人與這些記憶變成終生創傷的人之間，存在什麼差異呢？

個人的心智當然也很重要。先前在探討關於創傷的篇幅時，我也曾強調過必須努力客觀看待自己這點。不可否認的是，倘若自己沒有意願想要慢慢好起來，那就絕對不會有任何改變。

不過，除了努力外，還有一件事是在療癒遭受背叛的創傷時扮演著極為關鍵的角色——對方的真心道歉。

看過數千次經歷過外遇的受害者復原過程後，我相當清楚那並不是百分百的復原。五花八門的後遺症在他們身上留下痕跡。只是，如果是接受過對方真心道歉的人，就算過往經歷過的事比死還難受，多數都能將對方的過錯定義為「人難免會犯錯」，並且抱持著寬恕的心。無論後來決定與對方分開或繼續維持婚姻生活，加速情緒復原的效果也確實有目共睹。如此看來，「寬恕」其實不是為了對方，而是為了自己；我想，選擇寬恕不僅是為了減少傷痛對自己的影響，更是決定積極努力生活的結果。

出庭時，我往往有辦法單憑對方臉上的表情，就清楚看出自己的委託人未來會變得更痛苦，或是此後可以稍微復原了。

「法官大人，我那時候一定是瘋了。我對他／她真的造成了太大的傷害，根本沒有資格選擇該不該分開。我願意接受一切處分。」

偶爾可以見到像這樣邊哭邊說的人，意即不是「為了辯論的道歉」而是「發自真心地向對方道歉」的人。當然了，如果是懂得這樣道歉的人，通常是對對方的痛苦比較敏感的人，幾乎不太可能會犯下外遇這種錯誤。換句話說，在法庭出現這種道歉場面是相當罕見的。

「法官大人，我明明已經向對方道歉了！」「道歉就夠了吧，不然還要怎麼樣？」

這才是絕大多數的台詞。

經常見到這種畫面的我，一次又一次地下定決心至少要把自己的孩子教育成懂得好好道歉的人。因此，大概在孩子的認知能力發展到一定程度，我便不厭其煩地告訴他何謂道歉的方法。教育有效果嗎？毋庸置疑。

孩子四歲那年，曾經因為發脾氣打了我。在狠狠教訓了他一頓後，孩子竟然說了「對不起」。正當對此感到欣慰的我，打算再補上一句時——

「絕對不可以打人。」

結果，這個小不點傢伙卻說：

「吼，我不是已經說『對不起』了嗎？」

我就知道事情沒這麼簡單。

因為是孩子，自然會如此。他們尚未成熟到明白顧慮他人情緒的方法，甚至連自我為何物都還搞不清楚，所以無法理解道歉的目的也是理所當然。因此，我們才需要經常告訴他們，道歉不只是形式上說出一句話就好，而是必須發自真心。

幾年前，發生過一個外遇案件。面對妻子的外遇，憤怒的丈夫痛哭失聲地徹夜咆哮「你怎麼可以這樣對我！」妻子用了一年時間持續向丈夫真心道歉，直到他慢慢好起來。過程難免會有些疲憊，但這名妻子依然鍥而不捨。確實承認自己破壞了彼此信任的她，選擇以分、秒為單位向丈夫分享自己的生活，靜靜等待丈夫氣消的那天，而不是天花亂墜地給予「我以後不會了，拜託你相信我」之類的空泛誓言。丈夫對妻子付出的努力深受感動，最後原諒了她，並且向妻子伸出手，期盼兩人可以共創更美好的未來。這個故事確實讓人感受到好好道歉能夠發揮多麼強大的力量。

然而，大部分的人卻都是在長大成人後依然保持著童年時期的模樣。

「吼，我不是已經說『對不起』了嗎？」

不知道有多少人，連在法庭上都會說出這句我的孩子在四歲時說過的話。如果要說這種話，倒不如打從一開始就不要道歉（假設真的只是雞毛蒜皮的小錯，或是單憑對方主觀判斷的錯，說出這種話的確在所難免。但這裡談論的對象是犯下外遇或暴力行為等客觀、不可挽回的錯誤的人）。無條件要求對方原諒的道歉，不具任何力量。不是嘛，這根本就不是道歉。不過是為了不想再聽到他人斥責自己犯下的錯，才勉強說出口的自私且單方面的抱怨罷了。

所謂的道歉，是誠心反省自己的錯後，承諾與決心永遠不會再犯相同錯誤。唯有經過不斷努力，將這份心意確實傳達給對方時，才可以稱得上是真正的道歉。

寬恕又是如何呢？寬恕的溫度因人而異，也因一段關係的深刻程度而有所不同。恰如水必須等到沸點才會沸騰般，當對方感受到真誠、充分的道歉時，內心才會冒出「寬恕」的氣泡。為了等待「寬恕」的氣泡出現，必須付出不期望得到任何東西，只為觸及對方內心的道歉。如果曾經做過這樣的道歉，如果曾經接受過這樣的道歉，那麼你一定會珍惜這段關係甚於世上的任何珍寶。

吞噬未來的怪物：被害意識

如同所有的爭執，在法庭上對對方說出的話，最終其實都是在反映自己受過的傷。

雖然在法庭上的爭執與日常生活中的吵架看似存在極大的差異，實際上卻不然。真正去過一趟法庭，就會發現所有人都是遍體鱗傷。無論是提出訴訟的原告，或是收到起訴狀的被告，內心都早已充滿創傷。

首先，這些人會指責對方。任何人都是如此，上了法庭後更是如此。如果現場有觀眾的話，爭執往往就會變得一發不可收拾。

「整天在家遊手好閒的人，哪來那麼多不滿？」「連一個孩子都照顧不好，還好意思跑出去找朋友玩？」「就憑你那點塞牙縫都不夠的薪水，也敢在這裡大小聲！」

有些人在被諸如此類的話語嚴重傷害後，隨即向法院提出數十張足以證明自己為家庭付出多少努力的證據（薪資所得明細、整理得一塵不染的住家照片、與子女一起旅行的合照等）。不僅如此，甚至有人會說「我照顧不好孩子？那你自己養養看啊！」然後索性把撫養權交給對方。

如同所有的爭執，在法庭上對對方說出的話，最終其實都是在反映自己受過的傷。親眼見到這些爭執場面時，內心想著「為什麼會從自己摯愛的人口中聽到那種話呢？」的我，總覺得既遺憾，又傷心、生氣。然而，這種事卻一而再地發生。有些人滿腦子都是過度誇張、扭曲的記憶；不少人則是因為再也受不了另一半習慣性的言語暴力而下定決心離婚。雖然在證實這些說法的過程中，當事人說的大部分都屬實，但偶爾也會出現完全不記得自己對另一半的惡言相向，而只選擇性記得對方對自己的言語暴力。

舉例來說，「整天在家遊手好閒的人」其實是出於對「你這個不務正業的廢物」的反擊；「連一個孩子都照顧不好」這句話，則是在孩子受了嚴重的傷後也只顧著與朋友喝酒喝得爛醉卻沒有帶孩子就醫的情況下出現。偶爾在深究對人「惡言相向」的人實際上為什麼會說出那種話時，我不禁會想「記憶這種東西，其實也滿自私的」。

無論是把自己說過的話與做過的行為忘得一乾二淨，卻死命抓住對方說過的一句話，疾呼著「我要十倍、百倍奉還！」而無法控制憤恨情緒的人，或是自己絕對都是受害者，對方永遠是摧毀自己的加害者，不管發生任何問題，一切責任都百分百歸咎於對方的人，實在難以數計。每次見到年幼的孩子們不分時間、地點鬧脾氣，躺在路邊嚷嚷著自己犯的錯「通通都是媽媽害的」時，我都會有種既視感的錯覺。這些人打從孩提時期就完全沒有任何成長，永遠認為自己是受害者，但經過深入了解後，通常就會發現實際情況根本完全相反。

其實，「關係」是種相當公平的東西，多數時候不會只有一方是百分百的加害者，與另一方是百分百的受害者。大部分使他人留下創傷的人，都是在沒有意識到自己傷害對方的情況下做出行動。因而受傷的人基於憤恨難平的情緒，又使用更多其他話語傷害對方。結果，雙方都只記得彼此說過的刺耳的話，演變成各自皆認為自己才是受害者的遺憾局面。

一旦到了臨界點選擇離別，在痛苦的同時其實也得到讓自己蛻變成長的機會。或許是因為如此，當一個人與另一個人經過激烈爭執並結束關係後，往往都會在建立新的關係時，形成比過往來得健康、成熟的關係。這一切說不定也正是失敗的關係帶給我們的超級大獎。

然而，在各式各樣的離別之中，有兩種情況倒是不太一樣。假如是屬於以下兩種情況的話，很有可能會再以相同模式結束關係。

第一種：「認為自己是被害者的加害者」。在吵架過程中動手打了對方，心生恐懼的對方因此報警。此時，打人的人卻對警察辯稱「不是嘛，吵著吵著難免就會一時控制不住肢體衝突。為了這點事報警的人，正常嗎？」並強迫警察同理自己的立場。下班後經常與男性後輩喝酒後才回家的某個女性委託人表示，丈夫經常懷疑她外遇，甚至認為丈夫患有疑妻症，但聽在我耳裡，卻是相當無法理解的故事。

我的工作雖是代理辯護，但能不能理解應該算是個人自由吧？每次聽完他們的故事後，我總會不由自主地脫口說出「嗯……有點難講吔，或許您也該稍微考量一下對方的立場」。這種人比想像中來得多。或許，這一切也正是鮮明體現出我們這些人類的自私極限吧。我下定決心，自己一定要時刻把這些事銘記於心。當面對自己重視的關係時，就算再怎麼不滿對方的言行，也要先想一想對方為什麼會說出那樣的話、做出那樣的行為，並且反思起因是不是在自己身上，而不是只顧著責備對方。雖然這些理應是人盡皆知的道理，但既然實踐的人如此稀有，也就意味著這些道理根本不是人盡皆知。

第二種：「無論遇見任何人都會替對方扣上『加害者』帽子的被害意識俘虜」。除了對方之外，這些人其實一直以來也在折磨著自己，所以需要更加留意與努力。

讓我們試著檢視一下身邊的朋友們。有些人不管與任何人交往，都會痛苦地抱怨「我因為他／她好累、好折磨」；這些人大多以一開口就會說出負面話語的人為主。起初我們或許還會以「辛苦了」來同理與安慰對方，但實際和那些無論與任何人在一起都覺得很辛苦的人相處後，自己也會慢慢感到疲乏、吃力。

他們大多會在腦海中自行創造痛苦。我偶爾也會遇見這種人，而他們通常會採取以下的方式——

「唯娜，我的心情真的好差喔……○○之前不是問過我『週末都在幹麼』嗎？」

好，到這裡先不要判斷，而是試著思考一下這名朋友為什麼覺得這句話讓人感到不悅。絞盡腦汁後，我完全想不到任何原因。於是，我問了句「所以是……為什麼呢？」這名朋友反而睜大雙眼看著我說道：

「什麼為什麼？原來你也這麼遲鈍喔……不就是因為對方覺得我看起來週末沒人約嗎？那就是看不起我的意思啊。」

這名朋友就連有人對他說「我找個時間招待你到飯店吃一頓大餐」時，也氣呼呼地認為對方把他視為「沒在大飯店吃過飯的人」。呼……
與這種人的關係維持得越久，對彼此來說越像是置身地獄。
在我的委託人之中，曾經有過因為「你沒有看到我之前放在這裡的文件嗎？」一句話而離婚的人。出門上班前趕著要找公司開會需要的文件的委託人，隨口問了問當時剛好在身旁的另一半是否見過自己的文件，結果對方卻為此大發雷霆。
「你文件不見幹麼怪我？」
就這樣吵了起來。
「我沒有怪你，只是隨口問一下。因為我現在找不到，想說搞不好你有看到啊……」
「你覺得這樣合理嗎？如果你不是把我當作整理文件的人，根本不可能會說出那種話！」
「莫名其妙。你到底在胡說什麼？」
「胡說？我說錯了嗎？對啦，反正你每次都這樣，永遠都看不起我！」
像這樣為了雞毛蒜皮的小事開始爭執，然後重複演變成一發不可收拾的大吵。有人覺得自己被人看不起而發脾氣，導致小吵架的頻率也變得越來越頻繁，而當這些日積月累的矛盾一直無法解決時，厭倦彼此的兩人最終就會選擇結束這段關係。

像這樣習慣把自己的錯怪罪在對方身上，或是曲解對方的話，將其解讀為無視自己的人，即使在傷痕累累的狀態下結束一段關係後，重新與其他人交往，也很難維持良好的關係。無論是和任何人來往，無論是和另一半或朋友、前後輩相處，情況都只會更加惡化。經歷過幾次撕破臉的離別後，這些人會開始感嘆「當初就不該相信任何人」。一旦身邊真的沒有人時，強烈的孤獨感油然而生，於是又重複著受不了沒有任何人願意待在自己身旁的惡性循環。

我真的時常親眼目睹被害意識吞噬未來的景象。深入了解後，便會發現被害意識嚴重的人並不是打從一開始就是如此。曾經心腸很軟、事事習慣配合他人，但在某個時間點經歷過一連串的事件後，才從此激發被害意識的情況不在少數。尤其是從小被極度嚴厲的父母責罵，卻從未聽過父母稱讚過的乖乖牌孩子，當自尊感因為無法如願達成自己的目標而跌落谷底時，往往就會在理想與現實的差距之間萌生被害意識，確實令人相當遺憾。

但這份脆弱，
很多時候反而會轉爲攻擊、傷害他人與自己。
唯有對此產生自覺，
才得以一步步擺脱被害意識。

被害意識也有辦法克服嗎？假如情況已經非常嚴重了，的確需要尋求專門機構的協助，但若還不到這種程度的話，其實可以靠一些努力來擺脫。

第一步，決定努力的目標後，持續實踐。就算不是什麼偉大的目標，但來自日常生活中的小成就也能有效淡化被害意識。舉例來說，像是妥善打理盆栽、因為準備了美味食物而得到某人的稱讚、每個月儲蓄固定金額、一天寫一篇文章並於一百天後製成自己獨有的一本書等，再怎麼細微的小事都無妨。

第二步，建立多樣化的關係。與各式各樣性格的人往來，自然就能藉由他人眼中反映出自己究竟是個什麼樣的人、察覺自己存在哪些必須改善的部分等，面對這些實際上讓人相當不適的時刻。那一刻，與其對此感到愧疚，不妨試著思考該如何解決這些問題來度過難關。

相反地，又該如何與具有被害意識的人維持關係呢？首先，好好保護自己或許就是最重要的事吧。我認為，與對方保持一定距離是最好的方式。只是，如果對方是自己非常重要的人、絕對不可以失去的人，則得先掌握這個人目前的狀態大概到了什麼程度，以便給予適當協助。事態嚴重時，請務必尋求專家的幫助；假設還不到這種程度，可以試著從旁持續鼓勵他們實踐前述的兩種方法。

我想，世上不存在完全沒有被害意識的人，只是程度有所不同罷了。我也必須不時翻找一下自己隱藏的被害意識是什麼才行。不如把消除這件事視作自己人生的重要目標之一吧，關係中的絕大部分問題說不定就會在不知不覺間迎刃而解。

我所愛的突變時刻

人真的會變嗎？戀愛時期的模樣都是騙人的嗎？

我實在沒辦法在短暫的諮商時間內仔細聽完委託人的所有故事。因此，我會拜託他們在訴訟受理前，以陳述書的方式整理好究竟發生過什麼事後交給我。雖然我期望收到的是從婚姻生活開始到決定離婚的過程，但實際讀過這些文章後，我卻發現在形形色色的結婚、離婚故事中，出現了一句相同的話。

陳述書的第一頁，大多是在描述自己與對方相遇的過程，以及自己決心與對方結婚的原因。接著，大約到了第二至三頁就會出現這句話——

「從那時起，丈夫突然變了」「妻子開始露出戀愛期間隱藏的真實面目」。

婚前讀到這些陳述書，我的內心不禁湧起了無限的好奇。

「為什麼人們總在婚後變了一個人呢？我一定要好好挑一個始終如一的人才行。」曾經這麼想的我，很遺憾地也在婚後親身面臨到所謂的「突變時刻」。原來，我也不例外。

婚後才沒經過多久時間，我便有了「老公和戀愛時期是完全不一樣的人吔」的想法。人真的會變嗎？戀愛時期的模樣都是騙人的嗎？談戀愛時，總是津津有味地聆聽我的日常瑣事的人，卻在婚後讓我覺得他好像認為這一切只是無關緊要的事。豈止如此？曾經說過「你只要負責生小孩就好，其他事通通交給我」的人，卻似乎在我生完小孩後認為「教養小孩當然是媽媽的義務」。

直到結婚十多年後的現在，我才依稀明白了丈夫的突變。婚前的我們，基本上仍處在互相探索，以及言行舉止都得謹慎配合對方的狀態。自從結婚、生小孩後，一心想著必須讓家庭不愁吃穿的丈夫，便索性拆掉了煞車，只顧著向前衝。儘管我一次也不曾要求丈夫背負起養家的責任。他為了成為自己心目中理想的一家之主，重新排列了人生的優先順位，而我也為了自己的理想家庭奮鬥著。後來花了好久的時間，我們才懂得如何分享與配合彼此打造「安樂窩」的「方式」。

直到經歷過這些時間後，我似乎才稍微懂了夫妻間所謂的「突變」究竟是什麼。這與「為了毀滅對方而藏起利爪，等到婚後才露出本色的人」絕對是天差地別。更重要的是，婚後必須踏入全新環境一事，難免就會自然展現出各自隱藏的面貌，又或者說是因為彼此都有了不同的立場。

當然了，若是有暴力傾向的人為了與心儀對象結婚而隱瞞這點，結果一結婚後馬上對對方暴力相向，那就是「名副其實的突變」。不過，如果像我們一樣是在戀愛時期只表現出好的一面、分享甜蜜的事，然後在婚後面對現實問題時表現出立場不一樣的程度，其實就只是「普通的突變」。呼……我實在花了太久的時間才明白這件事！

不少來找我的人提及自己的另一半突變的故事都是這樣的——

「談戀愛的時候明明說好婚後會包辦所有家務，實際一起生活後，才開始拒絕兌現諾言。現在的我，整天都忙著幫那個人擦屁股」「婚前從來沒有發過一次脾氣的人，婚後不知道是不是因為看不起我，一天到晚對我大小聲、發脾氣」「生完小孩後，老公完全變了另一個人，好像把我在家照顧小孩當作理所當然的事。我到底要怎麼和這種人一起生活下去？」

實際聊一聊後，便會發現他們對對方突變的不滿，基本上都來自於深切體悟對方根本不可能意識到自己的錯（？），然後藉由變回從前的模樣來解決一切問題。很遺憾，但這不只是夫妻間的問題，也是任何人在長久維持一段關係時的必經階段。

平時善於整理的人，竟在婚後突變？

人的行為往往都會出於本能地朝著對自己有利的方向發展。當向來不擅長收拾、整理的人與戀愛對象一起去旅行幾天時，替對方細心整理行李一事既能讓自己產生成就感，又可以贏得對方更多的愛，因此這就是「對自己有利的行為」。只是，萬一得在為期可能長達數十年的婚姻生活天天做這件事呢？當一個人持續亂丟，而另一個人無止境地幫忙收拾時，站在前者的立場或許會將一切視為理所當然，但就後者的立場而言，卻只覺得整個人憂鬱至極，更遑論什麼成就感了。

從前默默把一切打理得井井有條的人，不是因為感情淡了才變得形同陌路，而是雙方都已經到了臨界點。無論是立下多少山盟海誓的完美關係，最終都一定會面臨這件事。當對方已經盡了全力，自然就會比較容易對此感到疲乏。一旦開始對整天需要別人幫忙善後的對方感到厭倦，或許就是時候想一想「原來對方也在我沒有意識的期間，忍受過我現在感受到的痛苦啊」。這大概就是所謂的風水輪流轉吧？

如果沒辦法像這樣換位思考，而是一味掛慮著只有自己很辛苦，關係破裂只是遲早的事。試著向對方坦白自己此刻的想法，並且詢問對方一直以來承受了多少痛苦後，訂定屬於彼此的簡單規則，多少都能解決諸如此類的矛盾。

談戀愛時從來沒有發過一次脾氣的人，竟在婚後突變？

嗯……可能是戀愛期間確實沒有發生過特別值得發脾氣的事，也可能是害怕自己發脾氣的話會破壞關係而刻意控制住了？等到結婚之後，又覺得凡事忍一忍才是今後長久相處的上上策？有時，在憤怒的情況下適當發脾氣宣洩，才能讓關係發展得更好（發脾氣的程度過火，並且做出對對方人格侮辱的發言情況當然除外）。這種時候，只要稍微擺脫對方可能會離開自己的恐懼，宣洩情緒的行為就會變得較為容易。

當自己被從來不曾發過脾氣的人發脾氣的模樣嚇到時，不妨先放下「這個人變了，現在開始無視我了」的想法，然後勇敢地接受「我們現在已經是可以對彼此發脾氣的關係啦？這段關係想必就要進入下一個階段了」。等到兩人氣消後，再一起思考一下彼此應該如何處理發脾氣時的情況，以及透過何種方式提出自己生氣的原因。

對方究竟從何時開始將自己的存在視為理所當然？

其實，真的有很多人是為了這個問題才決定分開。然而，當真正敞開心扉坦白對談後，就會發現對方從來沒有將自己的存在或扮演的角色視為理所當然。只不過是因為「整天對對方說謝謝，好像哪裡怪怪的」「不知道怎麼表達自己的想法」「生活忙得沒空顧及這些細節」等諸如此類的原因。

這顯然也是一大錯誤。試著想像在雙薪夫妻中，只有其中一方必須為了照顧孩子而放棄加班與公司聚餐。放棄的一方勢必會將這件事視為單方面的犧牲。即使起初是基於愛與體諒對方的心，結果也不會有任何不同。一旦習慣了這種模式，對方便不再請求自己的諒解，也不表達任何感激之情，並將這一切視為理所當然，情況會是如何？這段關係十之八九將會面臨極大的矛盾。

重點在於，絕對不可以因為認為對方有錯，便自己做了論斷。

「對方是因為現在討厭我了，才會變成這樣」「一定是看不起我」「最近經常和那些朋友玩在一起，所以才會性格大變」。

這種獨斷的結論，只會堵住雙耳、關閉心房，最後導致一段關係的結束。其實，內心根本從來不曾真的希望是這種結局吧？

試著只以「他／她一定有什麼苦衷」作為前提問一問對方。我很清楚，越是親密的關係，越難開口說出這種話。不過，我也見過不少願意踏出這一步的人，結果迎來關係順利邁入下一章的美好景象。我想，這才是真正的婚姻生活吧。

結婚與離婚，只是一道選擇題

忍無可忍才不得不選擇的離別——這種「全力以赴後的離別」，絕對是一種值得尊敬的成就。

韓國女性政策委員會於二〇二一年主辦的問卷調查結果顯示，針對「未來不婚的獨居人數將會增加」的預測，九七・一%受訪者的答案為「肯定」；至於在「以同居取代結婚的人數將會增加」與「即使沒有婚姻或血緣關係，共同生活與居住的人數將會增加」的問題中，也分別有八七%、八二%的受訪者表示同意。

人們對於「婚姻」的認知正日漸改變。即將邁入四十歲的我，身邊朋友之中就有超過一半以上的人沒有結婚，光是從這點來看，便能切身感受到將婚姻視為人生必要的時代已經結束了。

「既然結婚是一種選擇，那麼為什麼不能將離婚與結婚等同視為一種選擇呢？」工作歸工作，但我每次看到關於結婚認知的問卷調查，總會不禁浮現這個想法。儘管近年來對離婚的認知已經改善不少，但實際上依然存在許多不友善的視線。

大部分來找我諮商的人，都是已經為婚姻生活付出一切努力，卻依然看不到未來才會做出決定。「努力」這件事說起來很簡單，可是實際上卻有太多令人聞之動容的故事。為了支持另一半而犧牲自己所有事業的人、為了孩子而忍受另一半無理暴行長達數十年的人等等，難以數計的人們為了維持一段婚姻而不停忍耐、忍耐，再忍耐。直至到了臨界點，才終於下定決心離婚。

每次聽見在如此煎熬的過程中孤軍奮戰的他們述說這一切，我總是難掩複雜的心情。

「婚姻失敗後，我實在不知道以後的日子要怎麼過下去……人生好茫然」「大家一定都會覺得是我有問題才會離婚」。

忍不住的哽咽與哀傷。

儘管我當下應該堅定地說出「絕對不會，請不要有這種想法」，但我沒辦法這麼做的現實才更令人悲痛。與自己承諾一輩子一起共組甜蜜家庭的人撇清關係，始終不只是單純的離別，而是一段需要歷經對自我深切苦惱與自責的過程。既然如此，憑什麼這件事得受人指指點點？

十分喜歡看電視劇的我，基本上一定會把所有近期熱門的劇集通通看過一遍，不知道是不是因為近年來離婚率越來越高，所以劇中也經常會出現離婚的角色。以前的電視劇大多都會將「離婚」刻畫成人生中的重大挫敗；主角會在離婚後過著痛苦萬分的生活，直到重新與另一個好人交往後，才終於找到真正的幸福。現在似乎已經邁入並且暗示，唯有從舊關係推進到新關係，才得以幸福的訊息有點老土的時代了。離婚後過得更勇敢，即使一個人也能擁有幸福並與更多人交往的故事，才是現今的主流趨勢。雖然已經比過去進步了許多，但這樣的發展程度卻依然令人有些失望。

如果我期望能見到故事人物將離婚經歷視作人生中尋找自我的痛苦記憶，以及為生命留下重要訊息的情節，而不是非得「勇敢」尋找幸福的故事，會不會有點要求太多了？不，我不認為。無論是備考生活、經濟拮据潦倒的經歷、事業面臨難關等讓人感覺前途茫茫的黑暗期，都是每個人的人生必經之路。將離婚同樣看作人生中一段重要的歷程，似乎並不為過。

還有另外一件事。我想說的是，如果是在經過猶如撕心裂肺般的痛苦才下定決心，大可不必去聽從那些不尊重自己決定的人口中說出來的話。

我曾經遇過一名在遭受丈夫數次家暴後，帶著滿臉瘀青的包紮傷勢來找我的女性委託人。然而，與她一同前來的母親卻不停拍擊著聲淚俱下地說明情況的女兒的背後，並且說道：

「在我們那個年代，這種程度大家還不都忍著繼續過日子！」

還有另一名經歷妻子外遇數次後，決定提起離婚訴訟的男性委託人。這位委託人在諮商時用著顫抖的聲音訴苦道：

「我一說起要離婚，就連那些知道內情的朋友，甚至我自己的親姊姊都異口同聲問我『你有辦法自己帶大孩子嗎？』說什麼孩子還小需要媽媽，說我怎麼不為孩子想想。」

這些情況現在依然存在嗎？答案是肯定的，而且多得很。或許因為如此吧，無論在法律上的離婚原因多麼充分、離婚決心多麼堅定，還是有不少人會焦慮不安地留意著我的反應。

「真的可以就這樣分開嗎？」「這些事是不是不足以構成離婚的理由？」

「離別」存在絕對的標準嗎？有人就算在遭受暴力對待後，依然認為「只是因為他／她內心比較脆弱」而選擇無條件包庇、忍耐，也有人為了他人眼中不怎麼特別的一句話而留下一輩子的創傷。根本沒有任何足以讓所有人都普遍認同「這種程度可以分開了」的標準。

對於無法輕鬆擺脫他人評論的我們而言，甚至到了已經承受一定的痛苦，並且決心脫離苦海的那一刻，也依然顧慮著人們的目光。但我希望至少自己的相遇與離別，最終仍能以自己的標準為優先。

與自認看起來不錯的人往來，而後到了自己訂定的離別標準時離開。既然如此，至少自己得信任自己訂下的標準才行。

「你看起來怎麼樣？你覺得他／她還愛我嗎？」「我在這種時候提分手……應該可以吧？」

當必須經常向某人詢問諸如此類的問題時，不妨在徵詢意見前，先聽一聽自己的心吧？接著，慢慢擬定屬於自己的標準。或許，這會是段相當孤獨的過程。

提出這些想法後，勢必有人會大發雷霆地說「你的意思是不要勸人不離婚嗎？覺得離婚很驕傲嗎？」如同結婚並不驕傲般，離婚同樣也不驕傲。結婚或離婚，都只不過是一種選擇罷了。

自主生活，
明確知道自己的幸福何在，
對自己的選擇負責，
堅定與默默地前行，
以及靠自己的力量戰勝過往昂首挺身。

我想，唯有在以這些事為傲的世界，人人才得以自在地結婚與離婚。
忍無可忍才不得不選擇的離別——這種「全力以赴後的離別」，絕對是一種值得尊敬的成就。

第四章

獨處
也懂得
幸福快樂的人

「自尊感」是什麼？

當一個人的自尊感提升，自然就會擺脫折磨他人、放任他人折磨自己，而後感到真正的幸福。

不知從何時開始，如雨後春筍般冒出的「自尊感」一詞，瞬間啟蒙了每一個人。

「沒錯！人最重要的就是自尊感！培養自尊感才能變得強悍！」

大概沒人不曾有過這種想法。

於是，我們開始以自尊感為標準將人歸類、評價自己，甚至還因此深感愧疚。動不動就暗戀別人的人，對著看起來總是受人歡迎的朋友投以羨慕的眼光，並且斥責自己：

「為什麼沒人愛我？難道這一切都是因為我的自尊感太低嗎？」

每當從朋友或情人口中聽見逆耳忠言時，有些人便會以「保護自己」為由立刻結束彼此的關係。

「我當然不能讓自己的自尊感受傷。因為只有自己才是最重要的。」情況嚴重時，甚至有人會因為對前輩單身生活的憧憬，刻意拒絕明明只差一步就能開始的關係。

「據說，自尊感高的人就算單身也很幸福。我現在正處於自尊感低落的狀態，所以不適合和任何人交往。」

大概是在大學時期吧，我曾經被朋友這樣問過。

「你覺得自己現在是自尊感高的人嗎？」

我當下沒有辦法立刻回答，只因我根本不清楚「自尊感」究竟是什麼意思。後來上網搜尋了一下，才知道所謂的「自尊感」指的是「尊重自己」，但我依然搞不懂「尊重自己」到底又是什麼。

與他人一起用餐，不同於我的姊姊或好朋友總能先決定好自己要吃的食物，我通常會在被問到「你要吃什麼？」時，回答「都可以」或「看你想吃什麼」，同時也是容易受他人的評論感到受傷的類型。當有人指出我的缺點，我很容易會為此覺得難受與自責，並且萌生「對，我真的該改一改這點」的念頭，而不是氣呼呼地表示「你算什麼東西？憑什麼批評我！」初次與他人交往時，比起表現「我是這樣的人」的方式去吸引他人，我反而會選擇默默猜測對方喜歡的類型，然後努力表現出該種模樣。

當開始思考自己是不是自尊感偏低的人後，又覺得好像不是。我既不太容易受到他人左右，又很享受獨處，在結束關係時也屬於比較果斷的類型，更擁有不害怕站在眾人面前的外向性格。當有人對我大小聲或說些不好聽的話，我很容易就會感到畏縮，而且也不懂得說什麼難聽話，但只要一覺得對方越過我設定的標準，我就會像唱饒舌歌曲一樣滔滔不絕說出平時不會說的話。從這些方面看來，我又似乎是個強悍的人。

我從那時開始對「自尊感」產生興趣，一有空便會閱讀相關書籍。對於尤其重視關係導向的我而言，「自尊感會對人際關係產生極大影響」這句話並不稀奇。

精神健康醫學專科醫師李武碩博士在其著作《自尊感》中提到，「由於人類是一種不完整的存在，因此必須懂得不斷自我省思」。我最有共鳴的部分，是關於「人只要擺脫自卑感就能寬容待人」的段落。在眾多委託人之中，自尊感越高的人，通常也越容易在短時間內放下對對方的憤怒與怨恨，並且重新找回內心的平靜。我對這些人也留下深刻的印象。

另一位精神健康醫學科的專家尹洪均博士則是在著作《自尊課》中提到，「提升自尊感的首要關鍵終究在於自愛，事無大小都該自主選擇與決定」。每次看到這麼多大人們仍難以自主做決定時，我不禁想，「提升自尊感」或許也正意味著「尋求內心的成熟」吧。

令人充滿希望的是，上述兩位專家皆異口同聲地強調「儘管過去的經驗或創傷對人生的影響甚鉅，但人類是絕對有能力靠自我力量療癒的存在」。此外，在我閱讀了許多關於自尊感的書籍後，發現所有內容都一致認為，雖然每個人內心都有屬於自己的創傷、痛苦，以及對客觀條件的自卑感，但自己終究才是克服這一切的關鍵。具體而言，也就是意味著人需要透過親自做些瑣碎的選擇，然後為此負責，並且為自主選擇一事感到自信，以及努力更加了解自我，來肯定與接受本來的自己。自尊感之所以是決定人際關係的最重要關鍵，原因在於當一個人的自尊感提升，自然就會擺脫折磨他人、放任他人折磨自己，而後感到真正的幸福。

百分百同意。我在一次次目睹了數千個飽受痛苦折磨的人，重新獨力開拓自己的人生故事後，完全明白「自我療癒的力量」有多麼強大。尤其是有辦法自主決定重要事項與明確承認自身缺失的人，即使在經歷了離別的過程，其寬恕自己與他人的能力依然出色；

這種人自然也就能更快克服離別帶來的一切。

直到後來我才醒悟，他們就是所謂「自尊感高的人」。看著他們的離別方式，我也反思了不少。

二十多歲總為了「我是自尊感高的人或自尊感低的人？」煩惱的我，在經過與各式各樣的人建立關係，並與自己相處了更長的時間後，才稍微明白「自尊感」究竟是什麼。

我是對於追求目標或自我價值觀相當清晰的人，再加上關係導向的緣故，讓我時常害怕自己會對他人造成傷害。與其老是說出自己討厭的話來消除誤會與發展關係，不如盡全力改善與對方的關係，並且果斷放棄沒有未來的關係。當建立了一段彼此尊重的關係，我們非但能夠感受到莫大的幸福，獨處時也懂得自得其樂。

我喜歡獨處的原因，
不是因爲我討厭人，而是因爲我太喜歡人，
太想與人好好相處了。

正因想要與人好好相處，所以才總是在與他人往來時消耗大量能量，一轉眼又覺得疲憊不堪，並且萌生「好想趕快回家獨處」的想法。哈哈哈……

直到現在，我才終於可以在面對「你覺得自己是自尊感高的人嗎？」的問題時，爽快答覆。

「嗯，我自尊感偏高。」

我真的花了很長時間才懂得回答這個問題。確實，因為尊重自己終究源於對自己的了解。

既不了解自己又只顧著迎合他人的人，很難被稱作自尊感高。不過，如果是樂於接受人各有所好，並在見到他人為此感到幸福的模樣時也跟著同樂的人，那就不一樣了。順序應該是，好好了解自己先天的本質與後天習得的能力、價值觀、喜好等，接著變得熟悉自己，而後才在熟悉自己後慢慢與他人建立關係。

比起費神在意自己在他人眼中是個什麼樣的人，當我們能夠自信地說出自己是個什麼樣的人，並尊重那樣的自己時，便已擁有足夠的自尊感。因為，「我」正是自己最需要討好的人。

禁止沒用的干涉

全力以赴後的離別，理所當然該受到支持。

律師與委託人的情誼大多會隨著一次次的調解期日變得越來越深。一般來說，審判期日是使用一至五分鐘簡短釐清爭議與證據的日子；至於調解期日，法院大約會分配兩小時給每個案件。進行調解時，有些委託人與律師會事先為和解擬定策略，以及討論哪些條件有利談判，所以這種時候便成了彼此交流的大好機會。不知是否因為如此，當遇上了訴訟期間需要調解兩次以上的案件，委託人與律師間的關係反而會比較像朋友，而不是契約關係。

其中又以陪同花了將近兩年時間經過數次調解處理離婚訴訟，彼此分享過許多內心話的近五十歲委託人D，讓我留下格外與眾不同的印象。D的婚姻，是讓我在聽完所有事由後說出「您必須快點逃」的程度。於是，確定離婚後，一切如釋重負的我與D也再次感覺到了彼此間患難與共的同志情誼。

D與我甚至還有過偶遇的經驗。太過開心的我們當下決定推延原本的行程，怎麼也得抽空與對方喝杯咖啡。

「您之前不是一直說想要自己生活嗎？實際自己生活後，感覺怎麼樣？」

「我覺得非常自在與幸福。」這是我在提出這個問題的當下，百分百期待聽見的答案。只是，D卻有些羞愧地說出了我完全沒有預料到的話。

「不知道怎麼說吔……的確是有一些好處啦，但難堪的時候好像也不少。離婚的事，我只有告訴家人和幾個好朋友。本來以為就算得不到祝福，或多或少也可以得到安慰吧？但……其他人的回應卻是『你都不替孩子想一想嗎？要不要考慮和孩子的爸復合啊？』『你打算自己生活到什麼時候？難道不快點認識新的人再婚嗎？』」

哇……聽見這樣的轉述讓我震撼不已。居然真的有人會對好不容易才結束猶如地獄般的婚姻生活，終於可以稍微喘口氣的人說出那種話？然而，自從聽過委託人的各種故事後，我才知道這種人其實比想像中來得更多。

仔細想想，干涉狂們的確無所不在。光是以我本身的例子，一過二十五歲就開始不斷被追問「什麼時候結婚？」；在相對早婚的我的新婚初期，「還沒有小孩的消息嗎？」的問題也幾乎如影隨形地跟著我；等到生完第一個孩子，好不容易可以休息一下，馬上出現了「什麼時候生第二胎啊？」；在我為了生下期盼已久的第二胎感到幸福不已，彷彿等了這一刻很久的「是不是應該有個女兒比較好啊？」又即刻襲來。假如是只有女兒的人，大概就會聽到「是不是應該有個兒子比較安心啊？」

諸如此類的問題，我覺得或許在所難免。一方面可能是因為找不到話題才隨口提問，另一方面也可能是親近關係間表達關心的方式。可是，復合？再婚？難道復合或再婚也包含在一個離婚者的人生進度裡嗎？

「結婚這件事本身就比戀愛關係具備更大的責任與約束力，再加上雙方之間又牽涉到孩子，所以有人會說出那種話也是在所難免吧？」

在我剛成為律師沒多久時，確實有過這樣的想法。若是夫妻間有孩子，也會希望「如果兩位可以和解，然後重新開始一起生活就好了」。

然而，當我見過夫妻倆在分開的過程中吃力地歷經自責、反省、憤怒、怨恨、接受等駭人的情緒後，原有的想法也產生變化。一對夫妻在決定離婚時，一定都會充分考慮到

「比自己生命還重要的寶貝子女可能因此受傷」，並且將其作為必要選項。如果是正常的父母，光是在替孩子刷牙時不小心弄傷他們都會為此愧疚不已。更何況選擇在孩子內心留下深刻創傷的人就是自己時，又該怎麼辦呢？在這種情況下，大部分都是「為了活下去」才做出選擇。基本上，已經是關乎存亡的問題了。

我曾在諮商案例時遇過與同一個人登記結婚兩次，最多甚至四次的人。十之八九都是為了孩子。歷經千辛萬苦才分開，卻為了孩子重新結合，然後重複相同的痛苦又決定分開，最後再次復合。同樣得經歷這段過程的孩子該有多混亂呢？

無論選擇的過程有多麼艱難，也要為了成為孩子最堅固的精神支柱瀟灑起身；與其嘗試與前夫／妻重修舊好，倒不如當個可靠的父母，成為孩子獨一無二的盟軍。這才是孩子期望的父母。還有一件事——

不在孩子面前批評彼此，

是賦予孩子得以同時都愛父母的自由。

而這也是離婚父母能給孩子的最好禮物。

試著回憶一下自己與情人分手的情境。想一想當時朋友或家人說過些什麼安慰的話。「世界上多的是男人／女人」「當作學個經驗吧，幸好現在結束還不算太晚」「你一定會遇到更好的人，因為你值得」。

你我身邊不乏像這樣透過美好、感激的話語，讓我們得以在分手時盡快忘記對方繼續向前的人。然而，實際結束夫妻關係時，能說出這種話的人卻不多。

「這種程度在我們那個年代根本不會妄想離婚」「唉，現在的年輕人就是衝動、自私」「如果肯為孩子想一想，你就不會這麼做了」「反正你再和別人交往，就會發現每個人都一樣」。

儘管不會有人滿心期待地高舉雙手歡迎自己的子女離婚，但當他們好不容易走出充滿難言之隱的苦痛，才終於為自己做出選擇時，我卻也見識過太多父母在我面前邊擊打著早已長大成人的子女的背，邊喝斥他們「瘋了嗎？」試圖挽回定局。對於某些父母而言，無論如何都絕對不容許家庭的解體。甚至就連自己的子女遭受另一半暴力對待後，滿臉瘀青地來找我處理離婚時，仍有父母對此表示不同意；有些父母則是在女婿或媳婦外遇時，要求自己的子女無條件忍耐。每當見到這些景象時，我不禁覺得他們必須承受不關心且不支持自己的父母二度傷害一事，根本莫名其妙。

幾年前，我的一名家人決定離婚。他表示自己身邊有太多人不停告訴他「累了就離婚」或「離婚以後就會發現一點好處也沒有，繼續堅持吧」等擅下結論的意見，造成他很大的困擾。聽完這些，就連每天聽過各種決心離婚故事的我，也不知道該如何提供建議。

當時，我想起了一位曾經找過我的委託人的家人。雖然給予無限支持的家人確實比較多，但也有本身既無法提供任何解決方法又只會指責委託人，甚至直接表明「離婚很丟臉」的家人……我的腦海中浮現了各種景象。我該說些什麼、不該說些什麼？每一字、每一句都如此難以啟齒與費神的日子從未中斷。

「先盡力試試吧。大家都說，人絕對不會後悔自己全力以赴後，才做出的選擇。」

這是我唯一能提供的建議。除此之外，大多是安靜傾聽，然後在他每次難受時想盡辦法給予慰藉。

就這樣過了一年。他告訴我：「我照你說的，真的盡力試過了。對對方不留一絲眷戀的時候也到了。」我思考著對方的每一句話，不，就連可能隱藏在字裡行間的一切意義我都想了數百次。最後得出的結論是——「他再也無法與對方一起生活下去了」。

儘管這是關係的終結，

卻完成了圓滿的離別。

很快地，又過了一段時間。現在的他，才終於展露出與過往完全不一樣的面容。不僅變得神清氣爽，身心狀態顯然也從容不少；連在職場也獲得提拔升職。最重要的是，他常常把「現在真的太幸福了」這句話掛在嘴邊。他說，從前婚姻生活的美好與痛苦回憶現在終於能夠公平地留在自己的腦海中。

離別，是在熾熱地開啟一段關係並全力以赴捍衛它後，卻始終無法克服彼此間的差異，最終選擇各走各路的兩人許下的另一種承諾。對某些人而言，這是人生的關卡，也是獨當一面的開始，更是自愛的第一步。

因此，全力以赴後的離別，理所當然該受到支持。我衷心希望那些「試著和前夫／妻重修舊好」「趕快認識新人然後再婚」之類的話，拜託好好收在您自己的心底就夠了。有意願重修舊好的人，就算少了這些話也會自然重新開始；誰也無法保證與新認識的人能不能再婚，而這樣的婚姻能不能幸福。

你我早已清楚，不是只有「婚姻」才能成就人生的幸福。這個道理明明眾所周知，卻依然存在那麼多好管閒事的人，面對這件事，我自嘲似地感嘆著，或許「不婚的權利」「獨自幸福的權利」「與陌生人或伴侶動物組織家庭的權利」等多樣化的自由，都該立法明文規定。從現在開始，不如就像我們會對那些戀愛後分手的人說的話一樣，也向結為夫妻又決定結束關係的人說句「你學到很好的經驗，辛苦了」「你連這麼艱難的事都能克服，一定會蛻變成更堅強、厲害的人」。話說到這裡，就夠了。

與自己的美好關係

我們最該認真打理好的關係，正是與自己的關係。

「律師，請問您都怎麼紓壓？」

每次接受訪問時，總會從親朋好友，偶爾甚至連委託人也會向我提出這個問題。不知是因為「離婚律師」這份工作給人的感覺壓力很大，或因為我是身兼工作與育兒的職業母親，但總之經常被問及類似問題的我，漸漸也開始變得好奇。

「我都怎麼紓壓啊？」

苦思了一陣子後，我發現答案就是——「獨食」。

一成為律師後，我便被迫成為「專業獨食家」。法律事務所的氛圍並不像一般職場一樣，只要一到午餐時間就能暫時放下手邊的工作一起吃飯。律師大多都有屬於各自領域的出庭時程，因此很難配合彼此的時間。再加上，或許因為這份工作得整天面對人，所以午餐時間似乎還是比較想獨處一下。

即使到了第六、七年，我也幾乎不曾準時吃飯。有時會因為處理案件的壓力，內心實在沒有餘力，只會在坐車移動的途中隨便塞幾口海苔飯捲當作一餐，索性不吃飯的情況更是多不勝數。

最近，再也沒什麼比得上兩場審判間的時間拖得比較久，或是移動時間比預期短時來得更幸福了。我甚至還可以上網搜尋一下附近的餐廳，然後自己一個人去點兩人份的餐點，從容用餐長達一小時。假如還有更多時間的話，也可以找間漂亮的咖啡廳，喝杯咖啡享受一下。

開始準時吃飯後，我明顯感覺到自己的身體變好，工作時也擁有更多的能量。最重要的是，我這才意識到吃東西對心情的影響有多大。因此，當心情為了案件敗訴變得五味雜陳（就算是大家起初就知道會敗訴的案件，實際面對這個結果，律師又會成了大逆不道的罪人）時，我便會前往易於消化的粥店、奶昔店撫慰一下灼痛的內在；為了接二連三的諮商不停說話說到喉嚨沙啞的日子，我會選擇去趟烤肉店，踏踏實實地為疲憊的身心充電；在訴訟贏得漂亮或因為委託人的一句話獲得無比成就感的日子，我會找間很棒的早午餐咖啡廳或高級餐廳以茲紀念，好好留存當下的心情。

在車上沒配任何一滴水吃完整份海苔飯捲，匆匆忙忙狂奔出庭後，又片刻不停地接電話、填寫文件，最後在根本不知道究竟幾點的狀態下班，直到過了晚上九點才點份炸雞外賣來吃。直到現在，偶爾也會想起當時那份炸雞的滋味。為了自我成長而拚盡全力忙得暈頭轉向的那段時期，炸雞就像是我獻給自己的榮譽獎賞。或許是因為如此，最近就連看到炸雞都會有種身心舒暢的感覺。

我知道，自己的身體現在已經撐不住那樣的生活了。因此，就算再怎麼喜歡炸雞，也會盡量選擇既對自己健康有益又美味的食物，並且按時吃飯。不再吃那些只是單純扮演燃料角色的食物（也就是所謂的速食），而是選擇可以供給必要營養，以及守護健康的那種食物。

這些食物不僅對身體很好，同時也會為心靈帶來極大的影響。可以獨自在美好的氛圍之中享用一頓豐盛的餐點，很多時候都會讓我感受到一股難以言喻的滿足。

「呼——我今天做了一件善待自己的事。」

伴隨著這樣的念頭。

因此，在那些心情不佳的日子，我反而更會去找像這樣對健康有益的食物來吃，而不是對身體有害的酒精。

為了度過焦頭爛額的一天又一天，我們總是無暇好好關注自己。費心他人的心情多於自己的情緒，照顧家人的健康卻忘記留意自己的身體。埋首工作卻失去日常的時候，更是難以數計。

然而，一旦像這樣長期沒有照顧好自己，無論身、心可都是會出問題的。

我們最該認真打理好的關係，
正是與自己的關係。

就個人經驗來說，我的壓力通常會在與自己關係稍微不穩定時變得失控、猖狂。對我而言，這種時候為了自己，以及修復與自己關係的最快樂方法，即是獨食。

我曾經問過其他朋友是否也有類似的經驗。有些人的答案是「購物」（雖然必須留意超過自己經濟能力的過度消費，但偶爾買份小禮物送給自己應該還好吧？），有些人選擇「裝飾住處」，有些人則是「穿上一套漂亮的睡衣，聞著美好的香氛好好睡一覺」。

「嗯……有這種東西嗎？我也不知道吔。」

越是這麼說的朋友，越是無法適當控管自己的壓力。

因此，我希望各位也一定要創造像是「獨食」一樣的獨家行程。

求求你可憐我

渴望得到對方的憐憫與同情，往往是源於將自己附屬在對方身上的心態。

律師與委託人的契約關係通常會維持一年左右。我思考了一下這段期間該如何維持好關係不出任何問題的方法，發現關鍵就在確實掌握對方究竟是個什麼樣的人。這算是我自己獨有的標準吧？也或許是因為見過太多人，並與其對談後，自然而然地設立了這個標準。當然了，每個人注重的部分不盡相同，因此我想這應該只是我個人的標準。

我認為，人可以按照性格大致分為三種類型。第一種：「目標導向型」；第二種：「感性型」；第三種：「同情與憐憫型」。順帶一提，雖然我天生是第二種類型，但受到工作經驗與環境的影響，也開發了不少第一種類型的性格，因此現在應該算是介於第一種與第二種類型之間的人。

這三種類型的性格又有什麼不一樣呢？當與委託人進行約一小時關於婚姻生活的血淚史、未來計畫等主題的諮商，只要聽一聽他們的最後一段話就能準確得知。

「律師，您有確實理解我說的話吧？麻煩您務必想辦法取得那樣的結果。」

第一種，目標導向型。以下則是第二種「感性型」：

「（邊哭邊說）我再也受不了了。我們的緣分想必是到此為止了，麻煩您替我好好結束這一切吧。」

至此，基本上都是能從字面上判斷出來的反應。那麼「同情與憐憫型」又是如何呢？

「我也太可憐了吧？我相信律師您會盡力處理好一切的。」

如果是第一種「目標導向型」的人，雖然會盡全力維持與對方的關係，但只要一下定決心離別，便絕對不會回頭。就算對方在訴訟期間再怎麼道歉、糾纏，一旦他們關上心扉就不可能會重開。這類人通常會準確理解律師的業務範圍，所以既不會提出超過業務範圍的要求，也不會期望與律師建立情感連結；就律師的立場而言，處理起來也相對輕鬆。

不過，從他們的另一半手上獲得的書面資料來看，經常都會提及這類人在婚姻生活的態度過於冷淡、每件事公事公辦的感覺令人難受。即使外人總會給予這類人像是「認真生活」「精明幹練」之類的評價，但就所有行為與判斷都得根據他們的標準這點來看，十之八九很難同理另一半的內心情緒。

這類人也是職場上常見的類型。工作能力格外出眾，但從不與人有任何私交，就算共事了很久，也絲毫無法給人親近的感覺。與他們相處的疲勞度較低，因為他們面對所有關係都是淡如水，屬於可以長久維持表面關係的人。然而，只要其中一方離開原有的職場，基本上就不可能會再見到這個人了。

如果是第二種「感性型」的人，在婚姻生活中會盡量避免紛爭，凡事只求「好好的、好好的」，即使面臨什麼艱難也會選擇獨自承受，但通常會在耐心達到某個極限的瞬間，毅然決定放下一段關係。感情豐富、脆弱、不擅拒絕的人大多屬於這種類型。無論對方犯下再嚴重的錯誤，他們都會對發自真心的道歉賦予極大的意義，所以只要對方願意在訴訟期間道歉，他們就會敞開心房並可能重新繼續這段關係。這類人屬於會想辦法與律師在業務關係之外，建立私交的類型。

他們在性格上會盡可能避免為他人帶來傷害，大多極度恐懼與對方衝突、傷害彼此。基於這個原因，他們往往會對於太早放下一段關係感到可惜。在你我身邊的朋友、情侶關係中，應該會經常見到這類人。假如你有朋友無論發生任何事都永遠支持自己、關係緊密得像是家人般，卻在某個時間點變得疏遠，可是自己都不清楚自己做錯了什麼，那麼這位朋友很有可能就是這種類型的人。

問題在於第三種「同情與憐憫型」。這是從事這份工作以來，讓我感到最棘手的類型。當經過判斷後，認為訴訟結果無法如願達到委託人的要求，因而向他們說明其中原因與法律極限時，這類人通常會大發雷霆並追問：

「難道律師您都不覺得我很可憐嗎？」「如果好好向法官大人說明我有多可憐的話，應該就可以吧？」

這類人在兩小時內會不停重複相同的話，當我試圖解釋爭議點何在，他們又會氣呼呼地打斷我。乍看之下好像很強悍的他們，實際上卻因為內心太過脆弱而極度依賴他人，就連陪同前來諮商的家人還會反過來向我抱怨「我們也很受不了他／她」。

既然如此，這種類型難道真的沒救了嗎？當我剛開始遇上整天鬧著脾氣堅稱自己有多可憐的人，確實也曾覺得相當疲憊、憤怒。只是，當我仔細聆聽他們的故事，通常就會明白這類人長久以來為家庭犧牲。一輩子只為家人而活的他們，面對無法得到任何人同情時，內心實在難受無比。對他們來說，人生中沒有任何一處值得被稱為「自己的東西」，很多時候為家庭犧牲了一切，換來的卻是連為自己而活是什麼都不知道。因此，一旦無法滿足時時有人陪伴的願望，便會不自覺地攻擊與折磨他人。那個「他人」，可能是家人或律師。

了解這件事後，看著他們的我其實非常心痛。說真的，回顧他們那沒有私人時間與喜好，不，應該說根本沒有自己人生的人生時，甚至會讓我覺得「天啊！真的有可能像他們這樣二十四小時只為家人而活嗎？」儘管有些人是自願過這種人生，但大部分的他們都是背負著社會大環境的目光，或是受到他人強迫才不得不如此。只要聽過他們的故事，實在很難不為此流下眼淚。

「我們真的對上一代虧欠太多了。如果我早出生個數十年，想必也是過著那樣的日子吧。」

這個念頭在腦海中出現過無數次。深感歉疚、感激、遺憾。

然而，比起過去的人生，未來的人生才更遺憾。由於內心積累了太多憤恨，又自覺從前犧牲奉獻的日子實在委屈，他們往往無法正常地規劃往後的生活。一味將離別視作「被拋棄」的想法，一再折磨著自己。於是，他們需要更多時間才有辦法重新振作，偶爾也會在離別後便立刻與新的人交往。

當這類人接到離婚起訴狀，意即成為先被通知離別的一方，他們的第一個想法是「我一直以來含辛茹苦……」然後開始感覺空虛，空虛得甚至想要放棄人生；就算是本人先一步決定離別，大多也只是想讓對方挽留自己、而透過更加強烈的方式來宣洩怒氣，從來就不是為了計畫自己的將來。即使到了訴訟期間，也只是顧著向對方、子女、親朋好友，甚至律師、法官發火，根本不願意好好陳述自己想說的事。

像這樣總是尋求他人憐憫與同情的人，通常都是因為經歷艱難的時代與個人環境因素而徹底失去自我，才無可奈何地罹患了心理疾病。當然了，也不是完全沒有單純是天生性格使然的人——那些百分百深陷在自我憐憫的人。假如腦海中浮現「咦？我身邊好像有這種人」的想法，很抱歉，但請先仔細想一想自己的性格是否就是如此。

是不是經常希望有人可以可憐自己？自己是否曾經誤以為同情的目光是一種愛？會不會老是因為對方的言行感到受傷？如果符合上述幾種情況的話，或許就得仔細思考看看自己渴求的會不會是憐憫而不是愛，抑或是基於「害怕被拋棄」才不得不與對方維持關係。

渴望得到對方的憐憫與同情，往往是源於將自己附屬在對方身上的心態，這種關係根本不可能長久。就是在地基脆弱的土地上蓋房子一樣。無論遇上多好的人，也會比想像中來得更快分手。因此，這類人在與任何人開啟一段關係前，需要更加認真、仔細地檢視自我。

我之所以針對第三種「同情與憐憫型」解釋得最詳細的原因，在於我聽過太多人都有志一同地說「直接避開他們就對了」。這類人尤其常見於熬過艱難時代的女性長輩們。不過，在全然不理解他們犧牲了多少歲月，只是單純因為無法溝通、有理說不清便直接選擇迴避的做法，真的正確嗎？我不認為。

他們當然也需要付出努力。我告訴他們，一定要試著找回在任何人面前都能抬頭挺胸的自己；為此，可以先從嘗試練習獨力完成所有事開始。無論他們是不是會對我發脾氣，我也依然不厭其煩地在每次見面時重複同樣的話。如果沒辦法獨立自主，無論離別與否，他們的人生也不會有任何不同。

不妨試著將這種類型的人視為自己的朋友或家人吧。雖然很辛苦，但我認為還是必須重複告訴他們同樣的話。假如自己已經快要因為他們發瘋了，確實可以暫時保持距離，但依然希望各位最終不要選擇放棄他們。他們可能需要很長、很長的時間才會醒悟，也可能會深陷於再怎麼努力也沒用的挫敗感中，但我真的見過不少人在經歷這段艱難的過程後，開始出現了一點一滴的改變。

希望我們都不會被像是「人是不會變的」這樣自以為是的話蒙蔽了。

人，其實比想像中來得強悍，以及柔軟。

該什麼時候結婚？

當你覺得自己一個人也有辦法活得很好的時候，就結婚吧。

「律師，該什麼時候結婚？是不是該等到百分百篤定『就是這個人了！』再結婚比較好？」

煩惱結婚的人，通常會在第一次見到我，藉由提出這個問題來表達他們認識我的喜悅。哪怕是在已經預約好婚宴場所的狀態下，依然會有人煩惱與猶豫著婚姻究竟是不是人生的必需品。聽過這種話太多次，我不禁也開始思考人們到底期待從我口中得到什麼樣的答案。或許大家的內心都早已有了答案，但只是想要透過我的嘴巴聽到那個答案吧？只是，究竟該什麼時候結婚呢？

很多人認為只要對對方越是堅信不疑、深愛得自認沒有對方就會活不下去的念頭越是強烈，婚姻生活自然就會相對穩定。然而，令人驚訝的是，現實情況卻是完全相反。在主張「不一定非得現在結婚，但好像也沒有不結婚的理由，所以就結婚了」的人之中，也有人擁有幸福、穩定的婚姻生活；而在主張「我覺得好像沒有這個人不行，所以才趕快先辦婚禮」的人之中，反倒有人在婚後不久便決定離婚。

「我真的太喜歡那個人了，所以好像變得都是我單方面在配合對方，很害怕只要一不小心就會失去他／她。」

在我的委託人之中，說過這番話的人實在難以數計。談戀愛時，兩個人的內心絕對不可能一模一樣，因此心中的天秤也勢必會偏向某一側。當天秤偏向自己時，我們總會付出更多努力避免對方變心。只是，一旦開始莫名感覺自己吃虧、對方對自己的疼惜與自己的付出不成正比，內心就會覺得委屈。當零碎的不滿像雪球一樣越滾越大，終有一天會在瞬間爆發。於是，關係要不是因此走向終點，就是邁入全新的篇章，兩者擇一。

這種結果反而還比較正面。問題在於，一直啞忍著不滿、卻又不願意放下這個人的狀態下走入婚姻的情況。

而是戀愛長跑後的下一個舞台。

所有的問題不會因為情人變成配偶後就迎刃而解，反而只會更加凸顯戀愛期間發生過的問題罷了。

只要問一問那些對婚姻生活滿意度高的人，在決定結婚的當下是什麼心情，大部分都會這樣回答——

「嗯……其實我結不結婚都無所謂，但因為很珍惜在一起的這段關係，自然就有想要繼續維持下去的想法，所以才選擇結婚。」

關係這回事啊，確實很像兩面刃；越愛、越依賴的關係，或許也會讓彼此傷得越重。

長期以來從旁靜觀這些景象的我，現在被問到究竟該以什麼心態與什麼人結婚的問題時，通常會這樣回答：

「每個人的性格當然都不一樣。不過，有一點倒是可以確定。感覺對方好像不愛、不尊重自己，但因為不想錯過對方，或者覺得自己這輩子失去這個人的話就完蛋？如果是，我會建議先推延結婚的決定。」

這一切或許是因為自己已經習慣了這段關係，或是內心存在某些孤單、焦慮不安的想法，而不是真的非對方莫屬。在不安全感的狀態下做出的決定，往往只會強化焦慮不安的感覺，更遑論消除不安全感了。我想，這種時候不妨先暫時擱置重要的決定，好好專注與投資在自己身上，直到對這件事產生信心為止。換句話說，也就是毋須在意年紀或任何情況。

如果話已至此，依然想問關於結婚時機的話，那我會這麼說：

「最適當的結婚時機，是在你認為可以和身邊這個人結婚，但不結婚也沒關係的時候。當你覺得自己一個人也有辦法活得很好的時候，就結婚吧。」

唯有自己先站穩腳跟，才能專注於婚姻生活，好好過日子。

當然了，關係從來不是單方面努力就能順利的問題。隨著相處的時間越久，對方確實有可能在漫長的歲月裡變心，也有可能出現什麼外在變數介入。但因為當初是在結婚與不結婚這兩個平等的選項擇一的經驗，或許就能減少為此埋怨任何人的情況吧。再加上，若是知道自己一個人也能好好生活，基本上也不太可能會讓自己受到傷害。

是啊，我會建議各位在「認為自己一個人也可以幸福的時候」「不覺得婚姻是人生必要的時候」選擇結婚。

當我喜歡自己的時候

夢想著與自己更為接近的夢想，便能描繪出更加觸手可及的未來。

二十三歲那年。

當時對自己的期待一次次落空而感到挫敗的我，躲進了漸漸看不見未來的洞穴深處。明明自知不可以繼續過這種生活、從今起要做出改變，但現實的我卻始終無精打采。我無法不討厭這樣的自己。

直到某天，因為從補習班下課的回家途中實在太冷、太餓了，所以我走進了一家牛骨湯店。急急忙忙找個座位坐下，喊了聲「麻煩給我一碗牛骨湯！」後，便乖乖地等著餐點上桌。霎時間，腦海浮現了一個念頭。

「我有什麼資格吃這個？」

忽然，我淚如泉湧。一下子潰決的眼淚，完全停不下來。牛骨湯就在這個期間上桌了。害怕別人會覺得我很奇怪，所以趕緊低下頭將熱騰騰的湯飯塞進喉嚨裡。

「我有什麼資格吃這個？」

幾乎是用吞的方式吃完牛骨湯離開餐廳，我獨自走在路上，但腦海中對於自己曾經閃過這種想法一事卻始終揮之不去。太震驚了。因為，我以前明明就是一個那麼喜歡自己的人。

我突然回憶起父母在童年時期稱讚過自己的每個瞬間、朋友們需要自己的那些時刻……一陣陣悲傷湧上心頭的我，卻怎麼也想不通自己為什麼會淪落到這個地步。就這樣，我又在路邊嚎啕大哭了起來。內心想著「我以後還有辦法再喜歡自己嗎？」

二十三歲的我是這樣的。

在付出努力好好認識自己前

（甚至連應該這麼做都不知道）。

我不斷重複經歷對自己寄予過度的期望，

而當自己有別於期望的模樣時，
又對自己感到無比失望的輪迴。

當時的我想做的事很多，卻始終無法對於「我真正想要的工作是什麼？」「我將來該如何餬口？」等現實層面的問題找出適當答案。只顧著四處東張西望的我，最後換來了對自己接二連三的失望。父母對我的期望、我對自己的期望，以及在這一切與現實間始終找不到平衡的我，既沮喪又納悶。

從那時起經過十幾年後的現在又是如何呢？

我重新與自己變熟了。現在的我，再也不會對自己感到失望。絕對不是因為現在的我比二十三歲的我來得更努力生活、達成了目標、經濟變得寬裕。當時的我每天也是很認真過日子，並且持續達成短期內的各種目標。再加上，比起必須擔起生計的現在，向父母領零用錢並按照規劃使用的當時，經濟上（嚴格來說應該是精神上）反而還更穩定。

如果要說有什麼差別的話，大概是當時的我，並不是煩惱自己以後「想過什麼樣的生活」，而是稍微思考過「應該成為記者」「應該當律師」等等關於該擁有什麼職業的問題，並且戰戰兢兢地擔心著會不會遭遇挫折。可是，現在的我卻是想——

「我應該成為為關係面臨困境的人幫上一點小忙的人」「我必須成為有辦法好好慰藉他人的人」。

二十三歲的我尚未擁有一份穩定的工作，所以覺得未來充滿不確定性也是理所當然。因此，確實也需要好好思考一下自己究竟該靠什麼謀生。可惜的是，當時的我卻沒有好好了解自己一些。如果有的話，想必我會想到的是「我應該成為為弱勢發聲的記者」「我應該當個相信慰藉存在力量的律師」。如此一來，夢想著與自己更為接近的夢想，便能描繪出更加觸手可及的未來。

萬一無法如願擁有自己期望的工作呢？至少還能留下「為弱勢發聲的××」「相信慰藉存在力量的××」。而我也一定會繼續尋找適合填上空缺的職業。

開始好好了解自己與喜歡自己後，讓我感覺失望的事也逐漸變少了。就算無法如期完成原定計畫時，也不會因此動搖對自己的根本信念；工作不順遂時，也會想著「拜託，我除了這個以外，其他事都做得很好」「這次可能運氣差了點」。

也是啦，確實該徬徨與挫折一段很長的時間，我才有辦法領悟這個事實。年輕時，哪怕只是多了一歲也覺得好討厭，總是有種被人追趕的感覺。我需要經歷不少的歲月，才得以真正明白、愛與理解自己。如同與他人的關係也會隨著往來時間越長而變得越深刻般，與自己的關係同樣會隨著日子一天天過去而加深。

二十三歲的我對自己不甚滿意，與他人的關係也經常碰壁。有時為了單方面的全心付出感到精疲力竭，有時則是覺得依賴我的人讓我壓力好大，而試圖推開他們。連自己都不知道該如何照顧自己的我，根本承受不了他人的重量。

直到現在才終於知道。原來是反覆經歷對自己的期望與失望，以及為了他人而受傷與療癒的一切時光，造就了現在的我，這個真正愛自己的我。同時，我也懂了另一件事——

唯有在我真正了解自己，
並且發自內心喜歡自己，
才有辦法與他人開始建立有深度的關係。

當一個人不愛自己，就算身邊存在任何好人，也永遠不可能看得見。

如果疲於與他人相處、如果經常為了他人的批評而徹夜難眠、如果老是陷入自責或對他人隨時處於劍拔弩張狀態的惡性循環，或許需要在檢視對方與自己的關係前，先試著好好端詳自己。此外，與其在連自己也不清楚自己擅長什麼的情況下，一而再地經歷盲目計畫、失敗、失望，不妨先仔細思考一下自己的優點，以及這些優點是否能對任何人產生良好的影響後，藉此好好鼓勵與肯定自己。如此一來，認同自己的錯誤，並且為此向他人道歉一事，也會變得越來越容易。

今天的我也要努力先討好，比世上任何人都來得挑剔的自己，然後贏得自己的認可。

香港教懂我的事

這一切經歷給了我再多金錢也買不到的心靈平靜與自信感。

我在二十八歲那年開始賺錢，而我最好的朋友兼人生導師——父親，也在同年過世了。一方面難以承受父親不在的事實，另一方面初為律師的我又得急著適應職場生活，基本上每天都處在魂不守舍的狀態，腦袋經常放空。儘管夢想可以成真確實令人開心與振奮，但要驅逐內心深處的悲傷卻一點也不容易。我在外面時總得傾盡全力，只為不被任何人察覺這股悲傷。隨時隨地都在使勁壓抑由內在竄湧的悲傷，搞得我不時就會在車裡、廁所裡崩潰大哭。

每一天上班都是置身在無止境蔓延的緊張與恐懼中，因此我的身體也經常不自覺地用力、緊繃。就在這段期間，我獲得了第一次的休假。

「我該獨自去旅行一趟。」

我需要稍微擺脫當下置身的複雜現實，好好放鬆一下。於是，我急忙決定好旅行的目的地後，搭上了飛機。

香港，成為了我生平第一次單獨旅行的目的地。這是我第一次單獨去旅行，所以就算當時的我已經二十八歲了，內心卻仍像個十五歲的少女緊張不已。

抵達香港國際機場後，我拖著沉重的行李搭上巴士。

「我真的可以自己一個人搞定嗎？這裡的治安好嗎？」

巴士就在我根本無暇享受車窗外的香港夜景之際，抵達了住宿地點附近的車站。下了巴士後，我笨手笨腳看著地圖尋找住宿地點的情境，就像我在少了父親的世界，背負起名為「律師」的全新責任徬徨不安般，心緒頓時有些異常。

重度路痴如我（我敢發誓，至今從未見過任何人的路痴程度比我嚴重），足足花了兩個半小時才總算抵達原本從機場到住宿地點僅需要四十分鐘左右的路程。終於抵達住宿地點，處理好入住手續後，本來以為一進房門就能鬆一口氣，但事情發展並不如預期。單獨旅行的女性必須在陌生住處過夜這件事，不停在我腦中盤旋，恐懼感也隨之浮現。我重複開門、關門了好幾次，只為仔細確認那道門到底有沒有哪裡故障。

在我事先擬訂的三天兩夜行程中，寫滿了密密麻麻的計畫，甚至連一小時的休息時間也沒有。雖然等到我打開行李時，已經是夜晚了，但我仍決定搭上接駁車前往尖沙咀。

「反正能多看一樣東西也好，多感受一樣東西也好。」

下定決心後，我就像以行程緊湊出名的累死人歐洲團體遊一樣四處奔波。現在回想起來其實滿好笑的，那天我從中午十二點吃完飛機餐後，直到過了晚上九點都沒再吃過飯。甚至是在以美食聞名的香港！而且還是那麼喜歡吃美食的我！

我猶如繳作業般走馬看花，在百分百完成行程計劃，終於在九點左右回到住宿地點吃晚餐。在香港旅行的期間，一心想著女性觀光客單獨在外用餐好像有點太危險的我，完全沒有在飯店以外的任何地方進食。

第二天早上，我吃完早餐後，隨即將一大堆東西通通塞進背包，接著像準備上班一樣搭上接駁車。我再次前往尖沙咀市區，如同前一天走了很多路。從尖沙咀經過中環，然後逛了逛觀光客必去的景點維園，接著又在九點左右返抵飯店，最後依然在飯店裡吃了晚餐。這是從我在飯店吃完早餐後，時隔將近十小時後才再次進食。明明就是一個徒步走了數十公里的人，卻不曾在途中吃過一口飯或麵包，甚至飲料。回到飯店後，我會將照片傳給家人、朋友們，並與他們聊聊當天的感想。儘管內心對於他們表示羨慕萬分的回應感到十分滿意，卻也在轉眼間結束了這場短暫的三天兩夜之旅。

對我而言，那趟旅行留下了什麼？現在想想，大概就是實現了「單獨旅行」這個願望清單，僅此而已。當時的我，根本連自己喜歡什麼也搞不清楚，自然不可能懂得好好享受旅行。只是像繳作業、工作一樣，在被追趕、焦慮不安、挨餓之中結束了一趟旅行。

六年後，我再次獨自前往香港。

我在這六年間學懂了克服喪父之痛的方法、生育孩子、處理了數千次諮商等，接二連三的經歷使我得以更深入地審視自己。後來，我終於真正認識了自己；我想，這也是這六年時光帶給我最大的祝福。

在這種狀態下再訪的香港，為我展現了嶄新的樣貌。同樣是三天兩夜的行程，同樣是當時的住宿地點，但我沒有準備像六年前歐洲團體遊的路線安排。第一天，恰如之前一樣是在比較晚的時間才在住宿地點吃晚餐，而我也猛地憶起六年前的那一天。

「唯娜啊，你一定很累吧？辛苦了。」

我不自覺地浮現這個念頭，過往幾年間的畫面一幕接著一幕掠過腦海。

摯愛的罹病與死亡，冷不防地找上我原本平靜的人生；曾經因為自己將近三十歲卻沒有任何社會經歷而感覺自信跌落谷底的我，忽然得心驚膽顫地背負起身為律師必須面對的繁重工作；對我堅信不疑的無數委託人，與將從自己身體誕生的生命帶到這個世界所經歷的難以言喻的痛苦，以及轉眼又讓這些痛苦變得不值一提的瘋狂育兒時光。

可以肯定的一點是，這一切經歷給了我再多金錢也買不到的心靈平靜與自信感。

你可是與家人離別過的人啊，
你可是讓一個生命誕生在這個世界並且撫養他的人啊，
無論在家、在公司都總有人需要你啊，
你不是已經不再害怕那些找上門的各種案件了嗎？
而且，這裡可是你曾經來過的地方啊。

我對自己這麼說著。

有別於過往，我在那趟旅行中善用所有時間遍訪香港的各種餐廳，盡情品嚐了無數美食（如果下次可以再單獨去香港旅行的話，絕對要吃西多士和點心、雲吞麵）。我很快習慣了香港的併桌文化，並且享受與當地人的無意義閒聊。不再是趕時間、急著要完成任務般的旅行，也不再非得向誰報告一樣到處傳照片，然後逐一觀察他們的反應，而是為了買到朋友們會喜歡的超好喝奶茶興奮不已，甚至隨意走進某間文具店或洗衣店，一探香港人的真實生活樣貌並為此感到驚奇。走到一半覺得雙腳痠痛時，便直接進入任何一家鄰近的旅店，坐在大廳稍事休息。雖然也曾因此被旅店員工驅趕，但連這樣都覺得好有趣的我，也只是噗哧一笑。

「慢慢走、好好吃、充飽電後，才能繼續幫助需要更多我的人。」

我抱持著這樣的心態過了三天兩夜。結束旅行回來時，忽然感覺「原來這才是真正的旅行」。除了當時三歲的兒子為了「媽媽沒買恐龍回來」連續大哭兩天之外，一切都是那般美好的，單獨旅行。

假如十多年後再次踏上那個地方，我又會成長多少呢？到時可以再看見與感覺、享受多少新事物呢？一想到這裡，便已壓抑不住悸動的心。

第五章

我和我們之間

什麼時候才是我們之間的穩定期

無論是安全感或怦然心動感，談戀愛不都是甜蜜美好的嗎？但我自己那時候又是怎麼樣呢……

那是與約莫十名職員聚餐的場合。公司裡大多是年紀相仿的職員，所以我們通常都能輕鬆暢聊各種話題，而那天也是如此。

其中一名即將結婚的職員，喝了一杯酒後，開始聊起自己戀愛初期的故事。

「我真的不知道當時為什麼那麼傷心，連一點小事也要放聲大哭，我現在根本記不起來是什麼事。」

聽見這番話的其他人全都點頭如搗蒜，表示認同。

「所以我現在才會不想和男朋友分手。因為只要一想到得再和新的人交往、磨合……光是想像，都覺得也太累了吧。」

「我也是。雖然少了心動的感覺，但還滿有安全感的。」

早已結婚一段時間的我，其實沒有太大的共鳴。無論是安全感或怦然心動感，談戀愛不都是甜蜜美好的嗎？但我自己那時候又是怎麼樣呢……

與丈夫結婚後，生下兩個孩子，一路以來都像夥伴一樣過著吵吵鬧鬧的生活，但悲傷的是，我已經不再那麼頻繁地想起戀愛時期的回憶了。即使當有人問起戀愛時期的事時，我依然會不假思索地回答「那時候很好啊」，可是仔細想一想才發覺那些回憶已經參雜了太多泡沫。

去除那些白茫茫的泡沫後，才終於看清楚我們的戀愛時期。有些日子會因為實在太喜歡彼此而徹夜講電話，有些日子則是搞不懂自己到底怎麼會和這種人交往，氣得說不出話。對，我那時候就是這樣。與他在一起超過十年的歲月，在腦海中飛也似的閃過（偶爾小酌的魅力，在於讓我得以用旁觀者的視角看待自己的人生）。

我與丈夫的ＭＢＴＩ性格類型測驗結果，在代表性格傾向的四個英文縮寫中，我們倆是連一個也不相符的完全相反類型；甚至連成長的環境也是極端不同。我們的身高差距將近三十公分。剛開始戀愛時，我真的超級喜歡他的個性，很羨慕他那種既害羞又想說什麼就說什麼，以及面對自己想要的東西便會勇往直前的自信感。

然而，被彼此的「不一樣」吸引只維持了一下子。打從交往的第一天開始，我們每天都在過著確認彼此究竟有多麼不一樣的日子。自己曾幾何時那麼喜歡的他的積極，很快就讓我感到有些疲憊。嗯……所以現在又變成怎麼樣了呢？我怎麼想都覺得現在的情況與戀愛時似乎差距不大。因為，丈夫與我仍始終如一地保持著彼此的不一樣（他大概也是這麼認為）。

當我獨自啜飲著燒酒參雜啤酒的調酒，腦海想著關於丈夫與我的故事，一名職員向我提出了這個問題：

「婚後就會變得比較穩定吧？您覺得呢？」

霎時間，我說不出話來。

大部分的夫妻都表示，就算克服了早在戀愛初期就察覺的彼此間差異，最後順利步入婚姻，也會在結婚的那一瞬間起重新回到原點。即便一心認為「我們絕對不會」，結果依然會發現所有人都一樣。當電視劇裡新婚夫妻們的老套台詞從我或對方的口中說出來時，隨之而來的失望感更是難以言喻。

對方與我對於特定議題的微妙意見差異、我的父母與我的另一半在建立新關係的過程中產生的不自在、意識到對方身上竟存在自己完全無法忍受的某個點時的進退兩難……該怎麼解釋這一切呢？好，那就當作是「褪下包裝的真實戀愛」吧。不是的話，也可以視為彼此藉由對方了解自己真實樣貌的「自我覺醒過程」。

無意間好像打破了大家對婚姻生活的幻想，那麼也是時候帶來一些希望了。所謂「夫妻」，絕對不僅是因為交往到最後，恰巧遇上大環境與時機都對了就決定登記結婚的單純兩個人的結合而已。每對夫妻都是在戀愛過程中一點一滴修整、磨合、忍讓彼此不合適的部分，進而決定踏出邁入婚姻這一步的了不起人物。

跨過人生新關卡「婚姻」，

經歷積極了解彼此的時光後，

多數夫妻最後都會坦露更多自我以體現大愛的另一種形式，

換句話說，即是成爲「眞正的家人」。

光是一天之內就能往返在數十種情緒間，既對對方不滿又深愛著彼此的人們以一臉急需救兵的表情提問「婚後就會變得比較穩定嗎？」

很抱歉，但一段關係不存在百分百穩定的時期。

絕望嗎？不，讓我們這麼想吧。這點並不只適用於情侶關係、夫妻關係，就連不得不一輩子面對他們的父母、手足間的關係不也不會永遠穩定嗎？

雖然一段關係的穩定期不會太快到來，卻也不代表彼此間沒有任何變化。至少可以肯定的一點是，一起相處的時間越久，了解對方的幅度也會隨之拓寬。如同世間的萬事萬物，有生命的關係同樣不可能一直維持在相同的狀態。關係難免會隨著對方與自己的年齡、狀態、環境等不斷改變，而必須嘗試理解對方的這項重要課題，也會隨時隨地降臨在你我面前。

倘若將這一切視為包袱，這段關係基本上不會有未來。可是，如果願意將這些變化當作藉機為彼此間一成不變的關係注入一股新鮮的空氣，那麼這段關係也會變得越來越精采。

忽然間，我想起了某次夜晚外出散步時，偶然見到的一對老夫妻的一段平凡對話。

「你染頭髮啦？」

「謝謝你有發現。」

一個人察覺另一個人的變化，而一個人又對另一個人的察覺表達感激。這一切顯然是經過努力的結果。哪怕只是微不足道的小事，但當有人樂意像這樣不停努力地試著理解對方時，或許就會變成一幅如此美好的畫面吧？我也希望能和自己的丈夫，像那對老夫妻一樣老去。

像爸爸一樣的男人，像媽媽一樣的女人

我也終於深切體悟了，世上有些人的心就是怎麼填也填不滿的無底洞。

大學時期從朋友口中聽過的各種話題中，有些內容至今仍使我覺得匪夷所思。當被問起自己喜歡男朋友或女朋友的哪一點時，偶爾會出現這種答案——

「像我媽一樣，把我照顧得很好」「善解人意的部分讓我感覺自在，可能是有點像我爸吧？」

也是啦，因為我也是與父親關係非常親近的女兒，或多或少會有希望能和像父親一樣的人交往的想法。雖然這種事不可能發生在某些期盼著最好快點擺脫原生家庭的朋友身上，但在尊敬、愛自己父母的朋友中，確實有不少人像我一樣會在尋覓交往對象時，不自覺地去找與自己母親或父親相似的類型。

這是很自然的事。問題在於，與對方交往或結婚之後，期望著不是自己的母親或父親的對方，背負起相同的角色。實際上在訴訟期間，的確經常聽見有人會拿父母與另一半對待自己的方式比較。

在上門來找我的人之中，曾經有過幾乎比照父母扮演的角色去處理與另一半的關係，結果搞得自己身心俱疲而決定舉白旗投降的例子。無論對對方再好，也會被視為理所當然，而且完全得不到任何回應。最後，便因為再也受不了這種單方面付出的關係才決定分開。

讓我們來看看父母與子女間的關係。父母會為子女無條件提供愛與時間、資源；而子女只要以健康、快樂成長作為回報就夠了（子女長大成人後的情況，當然會有些不同）。假如將這樣的關係延續到戀愛、婚姻生活呢？真的有人可以繼續承受這一切嗎？

這種人在進行訴訟時的模樣往往也是格外搶眼。

「唉唷，法官大人，我真的沒有做錯任何事。真的不知道為什麼會收到離婚起訴狀，嗚嗚嗚……」

像這樣左一句「法官大人」、右一句「法官大人」，然後高分貝哭泣或咆哮的人。

「大家以為那個人會像其他人一樣買個名牌包包給我嗎？我所有朋友的老公都會送她們去歐洲玩，我卻什麼也沒有。到頭來居然先提離婚？根本就是惡人先告狀啊！」

逐一列出對方沒為自己做到的事，然後不可置信地疑惑著對方到底算什麼東西，可以先要求離婚。

這種人連在法庭上面對法官的態度都像個孩子一樣。猶如在幼稚園裡向老師告狀說「他搶我東西」的孩子，無論是肢體動作或表情、語氣，完全就是孩子在發脾氣的模樣。在法庭上看著這些畫面的我，總是邊想著「難怪大家都說『年紀只是個數字』，看來這個道理也適用在這裡」，邊莞爾一笑。

一開始我連要讓這種「類似親子的關係」達成協議都是困難重重。所謂協議，只有在地位平等的成人之間才有可能達成。本來應該根據自我判斷，在雙方各自讓步的過程中找到達成協議的突破點才對，但實際上根本不可能與以「對方理所當然要照顧我」作為前提的人進行這種對話。

這種人牽涉的案件大致上會這樣發展。

就法律角度而言，那是個我方只要將等同於一億韓元的財產總額分給對方五千萬左右就算合理的案件。然而，一直以來已經太習慣單方面傾囊付出的我的委託人，卻表示自己願意答應對方提出的所有要求來結束這一切。當我問起是不是因為已經受不了與對方的關係時，委託人說：

「多少也有一點啦。如果我沒有把全部財產給對方的話，大概會被咒罵、埋怨一輩子。像這樣離婚離到身無分文，心裡反而還比較輕鬆。」

我不過是個代理人，所以當委託人在經過我的再三勸阻後依然堅持自己的立場時，我也只能按照委託人的意思行事。不過，由於我已經見過這種情況太多次了，因此我一定會再補上一句：

「就算您把所有財產都給對方了，他會感激嗎？如果您認為答案是肯定的，那就這麼做吧。」

大部分的答案是：

「唉……您說得對。就算我把所有財產通通給對方，結果大概還是一樣。我至少該為自己留下一些生活費才對吧？」

即使在大多數情況下都會盡可能按照當事者的意思達成協議，但隨著當律師的資歷累積得越久，我反而有了一套自己堅守的原則——將一切視為理所當然的人不值得得到更多。

我也不是打從一開始就是這樣子。成為律師第一年的我，會採取這種方式：

「您好，我是崔唯娜律師。我的當事人表示只要對方願意協議離婚，他同意將財產一億元全數交給對方。不知道您那邊意下如何？」

「謝謝，我了解了。我向當事人確認後，再與您聯繫。」

對方當事人理應感激得手舞足蹈吧？然而，我一而再被期待完美地背叛了。幾小時後，對方的律師用著尷尬的聲音說道：

「那個……我的當事人表示一億元沒辦法達成協議，希望對方就算是貸款也要拿兩億元出來。喔，還有一點要求，離婚後五年內的每個月生活費是三百萬元。」

「哇……那我們這邊不答應。」

屢屢經歷這種已經做出極大讓步，但對方非但不表示感激，甚至還要求越來越多的情況後，我也終於深切體悟了，世上有些人的心就是怎麼填也填不滿的無底洞。

像爸爸一樣的男人，像媽媽一樣的女人？

期望找到與自己從小看到大的父母擁有類似優點的人，確實是一段健康關係的起點。我認為，談戀愛時會特意去找這種類型的人也不一定是壞事。不過，一旦將對方與自己的關係視作父母與子女間無條件的關係時，兩人之間免不了就會存在清楚的界線。那樣的關係也不可能長久。因為老是單方面付出，總有一天會痛斥對方並且轉身離開。

各位是比較習慣接受的那一方嗎？希望各位可以記得，持續沉浸於這種習慣之中的關係，矛頭最終還是會指向自己身上；而這個矛頭或許就是所謂的「自我厭惡」。

誠實面對自己的欲望

再也沒有比誠實來得更強悍的武器了。誠實的人無畏無懼。

「許下一生一世的承諾前，有沒有一定要磨合或確認的部分呢？」這是我無論走到哪裡都會被問到的問題之一。大概是因為離婚率居高不下吧，很多人都希望聽見專家（？）鐵口直斷地說「只要這件事合不來，絕對沒辦法一起生活」。平常面對無法當下回答的問題，我大多會在諮商或訴訟時遇見與該問題相符的情況後反覆思考，這個問題也是如此。我苦思很久，一直努力想要找出答案。終於，答案出現了。

「性格」通常會是第一件想到的事。然而，見到那些關係很好的夫妻時，卻幾乎不會有人提及自己與另一半的性格究竟相反或相似。性格相似固然是好事，但我並不認為這是足以左右婚姻的關鍵因素。畢竟人不也有可能因為性格不一樣而互相吸引，藉此補足彼此不夠完整的部分嗎？

擁有共同興趣？面對人生的價值觀相同？這些當然也是相當重要的部分。就算彼此間有爭執，只要興趣或人生方向相同，自然就會因為關係具備充足的復原彈性，最終也不會走上離別一途。不過，這些部分倒不至於是「一樣就一定好，不一樣就無法相處」的問題。

既然如此，究竟由離婚專業律師選出「許下一輩子承諾前，務必了解彼此的事」的第一名是什麼呢？答案是——

「欲望」。

「欲望？指的是性生活嗎？」

一提起「欲望」，偶爾會出現這種發問。性生活固然重要，但有至於是最重要的事嗎？由於私密故事也是諮商期間的常見話題，實際上有不少人表示自己與另一半只有性生活合得來，所以除了履行夫妻義務時相處融洽，平時根本不太對話，更看不見兩人的未來。此外，超過十年沒有性生活卻相親相愛的夫妻，其實也比想像中來得多。

我所謂的「欲望」，指的是包含性慾在內的更廣泛概念。選擇離別的人，大多表示在對方過度限制自己的欲望，甚至完全阻止這件事時最難受；再加上，假如雙方的欲望層次打從一開始就存在過大的差異，基本上也幾乎不可能縮小差距。當然了，如同關係需要彼此投入各自的時間與體力去維持般，我們確實可以在一定程度上限制對方違背彼此同意的欲望。不過，當這種介入變得太超過，雙方發生問題也只是遲早的事。

舉例來說，性慾過強的人理應找個不會過分壓抑自己性慾的人當另一半；消費欲極強的人，則該在檢視對方是否具備足夠供給自己的經濟能力時，連帶觀察他／她是不是個會強烈抑制自己消費的人；渾身充滿成就欲的人，選擇既不會嫌棄自己的熱情，又願意給予支持的人為佳；至於食慾很好的人呢？由於食慾強且將吃東西視作人生樂趣的人，總有一天會因為「吃飯」的問題與對方吵架，因此最好也找個像自己一樣重視食物這件事的人作為交往對象；挑戰欲望強烈的人也不少，而這種人往往會在自己被阻礙接受新挑戰時感到最為憤怒，所以適合搭配願意理解自己的人。

有些人則是本身不具偏重的特定欲望，傾向跟隨對方改變自己；與這種人相處當然也會稍微輕鬆些。只是，當一個人被單一特定欲望控制時，他／她與哪種類型的人交往將會絕對主導幸與不幸，因此務必透過長時間審慎確認自己與對方的欲望為何。

話說回來，這些欲望有分對錯嗎？當然沒有。只要不對他人造成傷害，任何人都能自由地擁有欲望的權利。我們需要做的，是在認知人類擁有多樣化的欲望後，試著去了解什麼是對方最強烈的欲望，並且搞清楚對方終其一生追求的那個欲望，是不是在自己有辦法接受的範圍內，僅此而已。

我曾在幾年前遇過一位「被愛欲望」極度強烈的委託人。不僅是家人，只要人生中遇見的任何人不愛自己，這位委託人就會覺得相當難受。後來，在老是覺得沒人愛自己的情緒驅使之下，他頻繁參與各種同好會或聚會，終於找到了願意擁抱自己的人。假如另一半也是天生擁有「愛人欲望」的人，那麼這對夫妻一定可以過上美滿的生活，但很遺憾的是，對方是個只要吃飽喝足、身體沒病沒痛就會感覺無比幸福的人。最後，兩人分開了，而且這位委託人也因為與對方分開感到開心。

「現在終於可以接受新人的愛了。」

「現在沒人在身邊囉哩囉嗦，我自己終於可以幸福快樂了。」

從分道揚鑣的兩人身上，我聽見了這樣的心聲。

豈止是愛情？這種景象也經常出現在家人、朋友、職場同事、上司與下屬之間。

不同於想要共享公司願景並攜手前進的組員，組長只希望所有人都能按照自己的吩咐辦事；最後極有可能是由職員離職來結束雙方的關係。在滿懷著分享自己故事的欲望下與朋友相約見面，但兩人閒聊的三個小時，卻只能一直聽朋友的故事，完全沒說到任何關於自己的事便敗興而返，最後說不定會因此與這名朋友絕交。在態度冷漠的父母底下成長後，長久以來隱藏著內心充滿想要接受稱讚與認同的欲望。這種人在長大成人後，大多會選擇索性離開始終抱持批判態度的父母，過自己的生活。

我認為，一段關係之所以會像這樣畫下句點，往往都是源於關係中某一方的欲望不被滿足。有些人會在一切結束時，才開始悔恨自己視而不見對方的欲望。

開始一段關係很簡單，只要對方擁有某個自己沒有的優點就足以讓人墜入情網。只是，維持一段關係就沒這麼簡單了。唯有在自我審視與誠實面對自己的同時，努力讓對方可以在長時間毫無壓力的狀態下接受我們表現出來的自己。除了這條路外，沒有捷徑。

再也沒有比誠實來得更強悍的武器了。誠實的人無畏無懼。唯有不再欺騙自己，勇敢而誠實地向這個世界展現自己時，我們才得以與他人開始一段長久的關係。

致因為不想分手而決心不婚的你

但願這是個讓每個人都能放鬆結婚，隨心不婚，並且在痛苦離別時得到支持的世界。

「當然要結婚啊。現在倒是無所謂，等你年紀再大一點就知道。你知道會有多孤單嗎？你打算自己一個人老死嗎？」

這是父母在逢年過節時最常說的一段話。雖說「不聽老人言，吃虧在眼前」，但我很清楚這些話並不是百分百正確，因為我每天都在面對結婚後反而變得更孤單的人。堅信結婚有辦法解決人類的孤單，只是代代流傳的謊言罷了。

「那就不要結婚，自己一個人生活啊。想做什麼就做什麼，想去哪裡就去哪裡，多自由、多快樂？絕對比那些結婚的人更幸福。」

那麼，這句話又如何呢？說服力同樣不高。無論結婚不結婚、自己一個人或與他人相伴，我們始終會在獨處和相處的某個地方，和與生俱來的孤單、寂寞為伍。

人類這種動物固然擁有善良的本性，卻也同時存在著狠踩他人屍體往上爬的自私生存本能。既然你我都是除了自己以外，誰也不了解的存在，孤單自是在所難免；既然你我都是比動物來得更社會化的存在，理所當然會需要分享日常與思想的朋友、夥伴。

對於即將邁入四十歲的我而言，曾經以為婚姻就像上學、上班一樣自然不過的事。而且我也在比自己預想中來得更早的時間點（不過是在三字頭之前而已）「偶然」結婚了。許多人都問我作為一名離婚專業律師是如何下定決心結婚的，在我剛成為律師不久，也就是還沒來得及對婚姻這回事深思熟慮前，便已經踏入婚姻了。對當時的我來說，結婚不是「下定決心的結果」，而是「自然的人生歷程」。

雖然在八〇年代出生的人之中，也有人像我一樣偶然、自然就結婚了，但光從我自己身邊就有朋友選擇不婚這點來看，或許八〇年代出生的人對「結婚」的概念是「很多人做，但不做也無所謂的事」。這種趨勢隨著時間推移變得越來越強化，而世代間的差異也日益增加。根據二〇二〇年的調查結果顯示，一九七四年出生的女性至四十歲仍保持未婚狀態時，其「終生不婚率」為一二・一%；相較於一九四〇年生（一・二%）、一九五四年生（二・六%）、一九六四年生（四・二%），比例偏高。如果說對於一九七〇年前出生的世代而言，結婚是「不能不做的事」，那麼對於之後出生的世代來說，結婚則是從「大家幾乎都會做的事」轉變成為「只有想做的人才會做的事」。此外，假如嘗試過與近來的十多歲、二十多歲的人對話，便會發現超過一半以上的人都自詡為「不婚主義」。我並不喜歡「不婚主義」這個詞，彷彿不婚是什麼特定思想般，還非得加上「主義」的說法，實在令人不悅。如同結婚是自由的選擇一樣，不婚當然也是另一種選擇啊。與在八〇、九〇年代像是多麼新穎、偉大概念登場的「獨身主義」又沒什麼區別。總之，無論不婚或結婚或離婚的任何選擇，都該無條件受到尊重。

先暫時放下我個人對「不婚主義」一詞的排斥感。偶爾遇見自稱是「不婚主義」的人，我都會試著詢問他們下定決心的原因。

「自己一個人的生活實在太幸福、充實。總覺得用法律綁住和另一個人的關係有點刻意。」

說出這種答案的人，大多認真思考與研究過自己。像這種清楚如何讓自己變得幸福的話語，具有百分百支持與鼓勵自我的力量。

不過，有時也會出現這麼回答的人。

「因為我怕離婚」「分手太痛苦了，所以不想再和任何人交往」。

每當聽到這種話，我不免會覺得有些匪夷所思。將婚姻看得太過神聖，加上對離婚的偏見依然存在，反而導致越來越多人因為害怕變成「離婚男」「離婚女」而沒辦法坦然選擇婚姻，結婚率與生育率也才會日漸下滑吧？多麼詭異的諷刺啊……

「我害怕被貼上『離婚』這個標籤。」

其實我很訝異會有這麼多人說出這句話。

只是，每一段關係都包括離別在內。

不把離別當作一回事的關係，

往往藏著不爲人知的無理壓迫。

因此，我希望我們都不要在愛的期間恐懼離別的到來，恰如我們不會在活著時不停恐懼死亡。但願這是個讓每個人都能放鬆結婚，隨心不婚，並且在痛苦離別時得到支持的世界；但願你我最終能親手打造出這樣的世界。

與愛人好好吵架的方法

希望我們都能將「吵架」變成「發展」的同義詞。

婚後，只要與三五好友相聚，其中一定會有這種朋友。

「唉，我覺得根本不該結婚。老公既不像以前那樣對我好，我又要照顧一大堆人，太累了。每次和老公吵完架和好後，才過沒幾天又吵起來。」（抱怨型）

「真的喔？我連一次架也沒吵過吔……你們都有和另一半吵架的經驗喔？我老公每一件事都配合我，通常他只有挨我罵的分而已，根本吵不起來。」（顧人怨型）

先有一個人開啟關於對丈夫的不滿，與婚姻生活有多麼辛苦的話題企圖引起共鳴，此時勢必會有另一個人表示自己完全無法理解，並默默炫耀著自己的丈夫不是那副德性。

從旁看著這一切的其他朋友們開始露出坐立不安的眼神輪流觀察兩人，在不知道該怎麼接話的狀態下，大口喝著早就喝完很久的飲料。

在我的第一本書《我們分手吧》（書名暫定，大田二〇二四出版）中，曾經提過如果只能有一個選擇配偶的標準，那麼我會選擇「懂得好好吵架的人」。換句話說，好好吵架這件事實在太重要了。不吵架的關係，或許也是正在死去的關係吧？因此，不吵架絕對不是件值得炫耀的事。

「關係」沒有那麼簡單，是每個人都有同感的一句話。有些夫妻看在別人眼中整天吵吵鬧鬧，實際上卻是連內心話都能坦誠相對；有些夫妻表面上相敬如賓，看起來是以禮相待的一對，實際上卻是單靠一方拚死拚活地撐著，只為了迎合另一方的期望。誰也不知道那個說著「我老公每一件事都配合我」的朋友的夫妻關係何時會突然走調。畢竟，一輩子都在配合妻子的丈夫絕對不可能過著無憂無慮的幸福生活。

我們現在應該改變過往避而不談的話題。

吵架，是再自然不過的事，

矛盾，是關係成長的動力。

談戀愛完全不吵架的情況，比你我想像中來得更常見。只是，當這種情侶變成夫妻後，狀況可就不一樣了。一起生活時需要共同分擔的無數家事（而且做再多也沒人發現！）、與雙方家人們建立新關係時或多或少的不自在、因為同居而必須為對方讓步的各種小地方忽然如排山倒海襲來，「夫妻」關係反倒在轉眼間變成辛苦、不滿、吵架的總和。此時，戀愛時期不曾吵過一次架的情侶往往會因此大受打擊，只因他們不熟悉吵架這件事。

「我們明明一直以來都沒有吵過架……難道是因為對方對我的愛變淡了嗎？」左、右腦的神經迴路就這樣連結起來了。萬一自己或他人沒有阻止這個錯誤想法，很快就會發展成「我們也走到這一步了嗎？難道這場相遇打從一開始就是個錯誤？」最後在一時衝動之下決定離別。

愛情與爭執理所當然是共存的。我同樣花了很多時間才終於接受這個現實。越是長久的關係、越是以愛情為前提的關係，矛盾自然就越大。因此，或許可以事先思考一下，當矛盾找上我們時，究竟該如何跨越它。

既然如此，在此就讓見識過置身於矛盾中數千對夫妻的離婚專業律師為各位特別提點幾項「與摯愛好好吵架的方法」。

第一，千萬不要打斷他人說話。由於委屈的情緒會在吵架時不停翻騰，因此把對方說的話聽完一事會變得比想像中困難。儘管如此，也務必將這個原則牢牢記在腦中，稍微忍耐。漸漸地，就會發現彼此間的對話變得與過往完全不一樣。

第二，先表達情緒，而非責備。嘗試以「你的行為讓我很傷心」，代替「這就是你的問題所在」。就算知道是自己做錯的人，也會在對方劈頭就是一頓責備時，直接關上耳朵。因此，不妨稍微改變一下說話方式。這點確實不簡單，所以「忍住怒火，確實表達自己的情緒」也是我最想擁有的能力。

第三，不牽扯其他相關問題。當對話發展成「不只這件事，你三年前就這樣子，五年前不也這樣過嗎？」時，可能吵個兩天一夜都吵不完。從這時起，便已經不是為了解決問題的吵架，只是為了吵架而吵架。

第四，不辱罵或咆哮。雖然這是基本中的基本，卻也是相當困難的原則。然而，一旦破壞了這項原則，兩人起初的吵架原因也會被忘得一乾二淨，關係最終只能走向破碎一途。有辦法忍住怒火當然是最好，但如果自己好像快要轉變成飆罵或提高音量時，不妨直接告訴對方自己需要時間冷靜一下。

第五，以正面的話語作結。即使無法完整表達想說的話，也可以試著使用像是「我很開心我們可以像這樣分享彼此的想法，也謝謝你願意聆聽」之類的話語作結。如此一來，雙方才能在內心毫無陰影的狀態下，好好開始下一次吵架。

雖然十分困難，但也請務必遵守以上五點。吵架終究不是單方面的事，因此有必要向對方分享這些原則。那麼，或許也能在過火的情況下先守住這幾個原則吧。

希望我們都能將「吵架」變成「發展」的同義詞。

我們每個瞬間都在離別

無論是什麼樣的關係，終將會在僅僅換過兩、三次沙發的時間內結束。

大概是在我九歲的時候吧？為了搬家，媽媽添購了一張全新的大沙發。當時最常見的沙發款式是偏暗的棕色，但獨具慧眼的媽媽反而特地挑了罕見的深綠色，而我也在內心暗自讚賞媽媽的眼光。

家裡之前只有一張鬆軟的一人座沙發，所以姊姊與我經常會將棉被鋪在地板上，然後在上面滾來滾去玩耍。後來都不知道為了我們可以有新家，甚至是新沙發而開心了多久。姊姊與我對於不必再疊好幾個枕頭靠著，便能用舒服的姿勢看電視這件事讚嘆無比，而且還可以像跳彈跳床一樣，每天在沙發上蹦蹦跳跳，玩得不亦樂乎（當然是在媽媽沒看見的時候）。

就這樣，大約過了十多年。等到姊姊與我都長大成人，一家四口一起坐在這張綠色沙發上的頻率越來越少，而它也變得陳舊斑駁。媽媽在百般思量後，決定丟棄這張沙發，再買另一張新沙發。那時正是我前往國外進行語言研修期間，當我返國後一回到家看見擺著新沙發的客廳，簡直興奮得像是剛搬進新家一樣。

「睽違十年又換了張新沙發。那就表示下一張沙發來的時候，我已經過了三十歲。」

我還記得自己當時是這麼想的。那時的我剛完成十三個月的語言研修回到舒適的家，坐在舒適的沙發上專心地想著「現在研修也結束了，我該更努力找份好工作才行」。

後來，又過了十年。我竟然真的神奇地在挑選新沙發，只是在我身邊的不是父母，而是丈夫與孩子。儘管十年前幻想過的十年後景象，是我陪著父母一起挑選新沙發……但這段期間，我有了新的家人，而曾經以為永遠不會缺席的父親也已經離開人世，不在我身邊了。一起生活超過二十年的我們家，已經變成其他家庭生活的地方，媽媽與姊姊也各自生活在不同的家。

對於從小生活在同一個地方，與附近的朋友們一起長大的我來說，一直以為只有那個地方、那個房子才是我的棲身之處，但十年的時間真的改變了很多事。在同一個地方生活長達幾十年，幾乎沒有我與我的家人不曾踏足的街道與店家。被媽媽罵時剛好遇到同班同學而覺得丟臉至極的馬路中央、與爸爸散步的林蔭道、與朋友們一起去的KTV、一家人一起參加聖誕彌撒的教堂……

直到現在，只要翻查行程表，發現必須前往那一帶處理訴訟時，我依然會開心得不得了，甚至從出發開始就能感覺發自內心的興奮。因為太過興奮，我還會沿途聽著S.E.S.的歌（我是S.E.S.的超級歌迷）。訴訟結束後，我會找幾名仍在那裡生活的朋友一起喝杯咖啡，然後開車兜兜風。放眼望去，無一處不是回憶。對我而言，那裡真的是滿載回憶的地方。

環顧此時此刻圍繞自己身邊的一切，猶如理所當然的景象般出現在自己身邊的人們、現在困擾著自己的各種問題、小至天天強制為自己的血管輸入活力的咖啡機、小心翼翼穿著的皮鞋、算準晚霞時間打開客廳窗戶時見到的絢爛日落、情人或另一半對自己發脾氣的瞬間、不想接聽又一直打來的電話、一時衝動教訓了孩子卻後悔萬分……

這一切都是有期限的。

假如我們每一分、每一秒都能意識著隨時得與這一切離別，
或許就會更加珍惜每一分、每一秒，
甚至連痛苦也能快樂地撐過去吧？

在那些非自願收到起訴狀來找我的人們眼中，我讀到了這樣的心聲——

「原來我把一切都看得太理所當然了。」

他們後悔，但已經太晚了。

越是將妻子全心全意照顧孩子、男朋友送自己回家、主動聯絡朋友、弟弟／妹妹自願負責跑腿視為理所當然，他們與自己的關係就越是接近離別；越是認為與男朋友愛得火熱、與朋友分享一切日常、從父母身上得到精神上的支持都會永遠不變，這一切的期限就會變得越是短暫。這是關係的本質，也是我們人類的限制。

我們每個瞬間都與自己身邊的人，與這個世界，以及與自己慢慢離別著。

假裝不知道這個事實的你我不總是極力否認，彷彿自己摯愛的人們會永遠留在自己人生的半徑之內般，然後漫不經心地活著嗎？我們不妨稍微具體些，將「無論是什麼樣的

關係，終將會在僅僅換過兩、三次沙發的時間內結束」銘記於心吧。

這是作為一個真正體驗過生命比想像中來得短暫的人，一個每天目睹只有靠著單方面忍讓與犧牲來維持的關係註定不會長久的人，唯一想說的話。

【結語】

歷久彌新的我們

文章來到尾聲，內心充滿喜悅之餘，雙手、雙腳，甚至整個身體卻突然感到尷尬失措。從小就很喜歡閱讀的我，其中尤以散文是最愛。作家與讀者分享的過程，彷彿他們就是自己熟人般的感覺實在有趣。只要想到閱讀這本書的各位說不定也會對我產生相同的感覺，除了興奮的情緒，倒也有種全身被脫光光的赤裸感。

儘管如此，一想到自己出版了散文，我便心跳加速，並為此感到無比幸福。第一次體驗到這種怦然的心情，幾乎可以追溯到二十多年前，看見有人在我的個人部落格Cyworld文章底下留言的時候。雖然寫作不是我擅長的事，卻始終相信這是自己非做不可、足以讓自己感覺幸福的事。

身為離婚律師的我在工作時最心痛的瞬間，往往不是目睹為了追求自己的幸福，才鐵了心一定要斬斷關係的離別，而是迫於情況或自尊心，最後在沒有確認彼此真正心意的狀態下，決定分道揚鑣的夫妻。

雖然大家都說從愛出發的關係理應一帆風順，一旦面臨爭執就是關係偏離正軌的信號，但事實上絕對不是如此。「兩人從此過著幸福快樂生活」的童話故事結局，從來都只是美好的幻想罷了。放任著彼此的關係不管，自然會走向疏離，最後破滅。因此，千萬不可以選擇放任不管。

我們必須對隨著時間流逝所發生的大大小小變化保持敏銳的態度——在這段過程中，發生矛盾更是再自然不過的事；我們必須接受一段關係能帶來多少幸福，往往也就伴隨著多少痛苦。

仍停留在共享樂的關係，只能算是一段尚未正式開始的關係。唯有共度患難，甚至在低潮時激烈爭執，才能看清彼此間的不同。如此一來，才得以正式開始努力理解與自己截然不同的對方。隨著點點滴滴的努力持續為一段關係添色，兩人間的關係也才能逐漸昇華至更高的層次。

如果已經全力以赴，最後卻仍走到了離別這一步，那麼這場離別絕對值得兩人，以及圍繞在兩人身邊所有人的尊重。倘若此時出現了無法對這件事予以尊重的親朋好友，不妨果斷遠離這種人。

與曾經許下一輩子的承諾，長久以來一起完成許多事的家人分離，絕對是未曾經歷過這一切的人根本不可能想像得到的極度痛苦與壓力。光是要撐過這些痛苦已經夠難了，實在沒有理由還得承受與這段關係毫無瓜葛的第三者插嘴指責。

希望我們都能成為珍惜關係、尊重離別的人——如果這本書可以像個讓人恍然大悟的朋友般點醒任何一個拿起它的人明白這個道理，我一定會很開心。

最後，我想再說一句話。

一個人也好，兩個人也好，只要懂得好好疼愛自己，無論現在是不婚或已婚、離婚，這個狀態都絕對影響不了自己的幸福。希望各位能夠時時將這件事銘記於心。

K原創025

從兩個人到一個人：只因想和美好的人一直走下去

作　　者｜崔唯娜
譯　　者｜王品涵
出 版 者｜大田出版有限公司
台北市一〇四四五 中山北路二段二十六巷二號二樓
E-mail｜titan@morningstar.com.tw http://www.titan3.com.tw
編輯部專線｜（02）2562-1383 傳真：（02）2581-8761

總 編 輯｜莊培園
副總編輯｜蔡鳳儀　編輯｜葉羿妤
行銷編輯｜張筠和
行政編輯｜鄭鈺澐
助理編輯｜郭家妤
校　　對｜黃薇霓／王品涵

初　　刷｜二〇二四年一月一日　定價：三九〇元

網路書店｜http://www.morningstar.com.tw（晨星網路書店）
TEL:（04）23595819 FAX:（04）23595493
購書Email｜service@morningstar.com.tw
郵政劃撥｜15060393（知己圖書股份有限公司）
印　　刷｜上好印刷股份有限公司
國際書碼｜978-986-179-815-8　CIP:177.2/112007930

國家圖書館出版品預行編目資料

從兩個人到一個人：只因想和美好的人一直走下去／崔唯娜著；王品涵譯．——初版——台北市：大田，2024.01
面；公分．——（K原創；025）

ISBN 978-986-179-815-8（平裝）

177.2　　112007930

(Between alone and together:How to stay in a good relationship for a long time)

This book is published with the support of the Literature Translation Institute of Korea (LTI Korea).